中國歷史之旅

七雄爭霸

宋詒瑞 著

U0111394

新雅文化事業有限公司
www.sunya.com.hk

目　錄

導讀

公元前475年至公元前221年，是齊、楚、燕、趙、韓、魏、秦七國之間繼續展開激烈戰爭的時代，歷史上稱作「戰國時代」。

這個時代各國為了富國強兵，先後推行變法，結果廢除了奴隸主貴族的特權，實行土地私有制，促進了生產力，社會亦由奴隸制進入封建制。變革是社會前進的動力，秦國由於採用了商鞅變法，加強了中央集權和生產力，成為當時最富盛的國家。

分久必合。七國分裂的國土，最終由秦國採取「連橫」的政策，打破了六國的「合縱」抗秦，消滅了六國，建立了中國史上第一個統一的國家，並且統一了文字、貨幣和度量衡，修築長城和馳道，是一個十分重要的朝代！

新雅文化事業有限公司於1997年第一次出版《中國歷史之旅》系列，簡明有趣的說故事手法，一直深受小讀者的喜愛。如今重新出版，除有精美的彩色插圖，還加入了「思考角」和「知多一點」兩大內容，跟小讀者分享對中國歷史故事的看法和觀點，還有延伸知識、談談一些典故的出處和古今意味等，希望小讀者們能以自己獨特的角度，細味中國歷史，論人論事。

1. 三家分晉

從公元前475年到公元前221年是戰國時期。經過春秋時期的爭霸戰爭，周天王的權力已完全衰落，諸侯國之間強併弱，大吃小，最後形成了齊、楚、燕、趙、韓、魏、秦七個大國，號稱「戰國七雄」。七雄間繼續展開激烈的爭霸戰。

你或許要問，怎麼戰國七雄中沒有晉國？在春秋時代一直稱霸中原的晉國到哪兒去了？

晉國在春秋時代是數一數二的大國，可是到了末期，它實際上已分成好幾個小國，國君已成了**傀儡**①。一些卿大夫擴大自己的封地，給予農奴較多的自由，鼓勵他們開荒，並減輕租稅，因此很多農奴逃到卿大夫手下去做**佃戶**②。卿大夫的勢力越來越大，最後在晉國剩下智伯、趙襄子、魏桓子和韓康子四家。

小知識

① **傀儡**：這個詞有兩種意思。一是指木偶戲裏的木頭人，二是比喻受人操縱的人或組織。這裏表示的是後一種意思。

② **佃戶**：向地主租種土地的農戶。

這四家中又以智伯的勢力為最大，智伯有才能，聰明能幹，卻又貪心殘忍。他一心想廢掉晉哀公，又怕另三家也來爭君位，便想削弱三家的力量，他以增強國力為名，要三家大夫各獻出一百里土地和戶口來，韓家和魏家怕得罪他，照做了。但趙襄子不肯，他說：「土地是上代祖宗傳下來的，不能拿出來！」

智伯氣得大發雷霆，率領韓、魏、智三路人馬前去攻趙，說好打勝後三家平分趙的土地。

趙襄子見對方人多勢強，不敢硬拚，帶領兵馬退守**晉陽**①城。晉陽是趙家修建得很堅固的一座城，設計時為了應付日後的緊急情況，在宮殿的圍牆裏砌滿了竹子和**荊條**②，這些都是做箭桿的好材料；殿中的柱子都是銅鑄的，可以製成刀劍戈矛和箭鏃。趙襄子立刻下令

小知識

①**晉陽**：今山西省太原市。

②**荊條**：荊是一種落葉灌木，葉子有長柄，掌狀分裂，枝條性柔韌，可編製筐籃等物件。

用這些材料做了很多箭和兵器。當智伯率軍攻打時，趙軍從城頭上向外射箭，箭如雨下，智伯的軍隊沒法前進一步。

智伯圍攻晉陽幾個月了，還是攻不下來，很是着急。後來他看見晉水從城的東北角流過，就想出了一個主意，叫人在晉水邊另挖一條河，把河水引到晉陽城來，又在上游築了一個壩①，攔住河水。雨季一到，壩裏漲滿了水，他就叫人扒開壩口，洪水直沖晉陽城。

城裏好多房子被淹了，可是百姓們都恨透了智伯，不肯投降。趙襄子的大臣張孟偷偷溜出城去，找到韓康子和魏桓子，約他們一起反智伯。韓、魏兩家本來對智伯心存戒備，想到**唇亡齒寒**②，趙家若是被消滅，接下來貪婪的智伯不會放過他們的。於是三家商量好對付智伯的辦法。

小知識

①壩：指用來擋住水的去路的建築物。
②唇亡齒寒：嘴唇沒有了，牙齒就會覺得冷。比喻關係密切，利害相關。

第二天夜裏，智伯正在營中睡覺，忽被一陣喊殺聲驚醒。他睜眼一看，兵營裏全是水，原來是韓魏兩家派人扒開了北岸的堤壩，水就湧進了智家的營寨。智軍大亂，韓魏的兵馬從兩面夾攻，趙軍從正面打入。智伯知道大勢已去，只得坐船狼狽逃跑，想去秦國討救兵，在半路上被趙軍殺了。

智伯一死，他的地盤被趙、韓、魏三家分了。後來趁晉國新國君登位，這三家索性把晉的國土也瓜分了，只留下兩座小城給晉幽公。這樣，晉國就只剩下趙、韓、魏三家，各自獨立，歷史上叫「三家分晉」。從此，奴隸制晉國轉化成封建制的趙、韓、魏三國。

這三晉雖是三個國家，但仍不算是諸侯，他們的名分還只是卿大夫。公元前403年，三晉派使者到洛邑去見周威烈王討封，當時的周天子只是個空架子，不答應也沒用，就大大方方把他們封為趙侯、韓侯和魏侯。「三晉」從此正式成為三個獨立的諸侯國，加上齊、秦、楚、燕四國，歷史上稱為「戰國七雄」。

這一章的最後説到趙、魏、韓三家分晉後，他們的名分還只是卿大夫，所以去向周王討封，希望成為諸侯。諸侯與卿大夫有什麼不同，差別多大呢？為什麼他們都要去爭？

強大的西周嚴格施行宗法制度，建立了周天子——卿士——諸侯——卿大夫——士——國人的統治序列，官制就是卿士——諸侯——卿大夫三等。

周朝實行分封制，京都周圍千里之地由周天子直接管轄，卿士輔助周天子執政；其他地區分給周天子的親族、功臣以及一些地方首領，就是諸侯，主要的諸侯都是周天子的親族，相當於現代中國的省長，但他們有地方軍隊的統治權；諸侯世襲守住自己的封國，並分封自己的親族和家臣為卿大夫，相當於現代中國的鄉、鎮、市長，世襲制，並佔有土地（稱為采邑）；協助卿大夫管理事務的官吏就是士，世襲制，但沒有采邑，相當於現代鄉、鎮、市長之下的秘書長。諸侯和卿大夫對天子都有納貢賦稅和服役的義務。但卿大夫在諸侯之下，諸侯是一「家」（國）之主，擁有軍政大權。所以趙、魏、韓三家要竭當諸侯，力爭周天子封侯。

西周的分封制度：

周天子  直接管轄京都
（由卿士輔助執政）

諸侯 獲分封土地，是一個地方的
首領，擁有軍政大權，被封
者多為周天子親族

卿大夫 由諸候分封的士大夫，
佔有土地

士 協助卿大夫管理事務，
沒有土地

國人 平民百姓

2. 善用賢人的魏文侯

中國有句俗話說：「一根柱子三個樁，一條好漢三人幫。」意思是一個人不管他如何有本事，總要靠別人的支持和幫助才能做一番事業。中國歷史上一些有成就的君主，無一不是招納賢能，廣開言路，得到有才之士的鼎力扶助，才能治理好國家，名傳千秋的。魏文侯就是這樣一位賢明君主。

戰國初期，七雄中最強盛的是魏國。因為魏國的君主魏文侯十分賢明，他能**禮賢下士**①，**知人善任**②，所以很多有才能的人都來幫他治國。他任用李悝為**相國**③，進行政治和經濟改革，並制定了歷史上第一部封建法典——「法經」；派西門豹在鄴郡治理，革除社會

小知識

①**禮賢下士**：指帝王或大臣降低自己的身分敬重和結交一些有才德的普通人，使他們為自己效勞。

②**知人善任**：指領導者能認識人們的品行和才能，善於安排他們的工作，發揮他們的作用。

③**相國**：也稱丞相，為百官之長，輔佐皇帝的最高官職。

惡俗，使百姓安心生產，用吳起防守邊界，用樂羊攻取中山……都收到了很好的效果，魏國很快崛起，成為一等強國。

當時有個叫段干木的人，德才兼備，很有聲望，但他看淡名利，不願做官，隱居在一個僻靜的地方。魏文侯親自去向他請教治國之道，段干木一聽到馬車聲傳來，就翻牆跑了。一連幾次，魏文侯都吃了**閉門羹**①。後來他就不乘馬車，不帶隨從，徒步跑到段干木家裏。段干木被魏文侯求賢的真心誠意所感動，與他長談，給他出了不少好主意。但是段干木仍是不肯出來做官，魏文侯就拜他為師，經常去拜訪他，聽取他對國事的意見。從這件事中，人們就知道魏文侯是多麼器重人才！

魏文侯派樂羊攻打中山國一事，也說明了他的知人善任。

中山國②的國君荒淫無道，又不肯向魏進貢，魏文侯決定出兵攻打。有人推薦文武雙全的樂羊帶兵，但有

小知識
①**閉門羹**：拒絕客人進門，叫「請人吃閉門羹」。
②**中山國**：今河北省定縣一帶。

人反對，因為樂羊的兒子樂舒正在中山國做官。魏文侯便把樂羊找來，問：「我打算派你去征伐中山國，聽說你兒子在那兒做事，怎麼辦呢？」

樂羊慷慨激昂地回答道：「大丈夫為國立功，決不能為父子私情所影響，攻不下中山，寧受處分！」

魏文侯聽了很高興，就命樂羊為大將，西門豹為副將，帶兵五萬，前去攻打中山國。

魏軍長驅直入，一直打到中山國的都城，把它包圍了起來。中山國國君姬窟十分恐慌，逼着樂舒勸樂羊退兵。樂舒爬上城樓拜見父親，樂羊大罵樂舒，責備他不該為昏君效勞，要他去勸中山國君投降。樂舒央求給他們時間商議，樂羊同意了一個月的期限。一個月以後，姬窟又要樂舒去要求寬限一個月。如此一連三次，樂羊三個月沒有攻城。副將西門豹急了，問樂羊為什麼這樣做。樂羊鎮定地答道：「中山城池堅固，硬攻傷亡會很大，圍而不攻可以收買民心。如今姬窟三次失信，正好讓老百姓知道誰是誰非。以後等機會再把中山城拿下來！」

但是，魏國朝廷上一些嫉妒樂羊的大臣就乘機在魏文侯面前說他的壞話了，認為樂羊是心疼兒子才不攻

中山城的。魏文侯對這些讒謗話不予理睬，還經常派人到前線去慰勞將士，又在都城替樂羊蓋了房子，等他得勝後回去住。

樂羊心中對魏文侯十分感激。他見中山國不投降，便下令開始攻城。姬窟眼見形勢危急，就把樂舒綁起，吊在城門樓頂的一根柱子上，以此來逼樂羊退兵。樂舒大叫父親救命，樂羊氣得大罵兒子：「你不能勸國君改邪歸正，又守不了城，還叫喚什麼！」姬窟一怒之下，果真殺了樂舒，把他的頭顱掛出來，想令樂羊在悲痛之下喪失鬥志。樂羊見了兒子的腦袋頓足長歎：「誰叫你給無道昏君做事！也是罪有應得。」姬窟的暴行更加激起樂羊的憤恨，他下令加緊攻城。

城門攻破後，樂羊第一個衝進城去。姬窟自殺了。樂羊安撫中山國的百姓，廢除了姬窟定下的暴虐法令，讓西門豹帶五千人留守，自己領着大隊人馬凱旋回國。

小知識
①奏章：古時臣子們向皇帝進言的文書。
②徇私情：為了私情而做不合法的事。

魏文侯親自在都城外設宴迎接樂羊，為他慶功。宴會後魏文侯送給樂羊一個封得嚴嚴實實的箱子，樂羊以為一定是賞給他的黃金白玉。等到他回家打開一看，大出意料之外，裏面不是什麼寶貝，而是大臣們的**奏章**①，全是告他**徇私情**②不攻打中山城的。樂羊一邊看，一邊流淚。他歎道：「想不到朝廷中有那麼多人不理解我！好在主公是相信我的。要是他也不信任我的話，我恐怕早就完了！」

　　第二天，樂羊上朝謝恩。魏文侯要重賞他，他
再三推辭，説：「能攻下中山國，全是靠主公的力量，
我有什麼功勞呢？」魏文侯説：「除了我，沒有人能那
麼信任你；但也只有你，才能完成這個任務。你辛苦
了，該過過安逸日子了。」於是將靈壽賜給他做封地。

　　魏文侯見中山國離都城較遠，不易控制，便派自
己的長子去駐守。後來又派吳起帶兵去攻打秦國，連佔
了五座城池，成為當時最強盛的國家。

魏文侯明知樂羊的兒子樂舒是中山國的官員，還要起用樂羊帶兵攻打中山國，而且在樂羊連續幾個月沒有攻城，大臣們紛紛譴責他的情況下，還是力排眾議，堅決支持他、厚待他，最後還把眾大臣譭謗他的奏章都給了他。這件事帶給我們什麼樣的啟示呢？

魏文侯與樂羊君臣的事的確十分感人，魏文侯是位賢君，他奉行的是「疑人不用，用人不疑」政策，他對樂羊的支持基於對這位大將的充分了解和十足信任，深知他忠貞愛國、剛正不阿，因此即使樂羊久久沒攻城，對他的信任仍不動搖。而樂羊幸得此伯樂的賞識，「士為知己者死」，割棄父子私情，攻下敵城，又不居功自傲，拒絕領賞。這個故事可說是君臣關係的典範，告訴我們信任，是人際交往的基石。上下級之間能有這樣互相信任的基礎，就能「人盡其才」——上司放手讓下級去做，不干涉、不猜疑；下級可以充分發揮主動性和創造性，運用自己的聰明才智和獨特的方法出色地完成任務。

3. 西門豹治鄴

西門豹不僅是一位驍勇善戰的武將，還是一位著名的政治家。他聰明能幹，參與魏國的政治改革，深得魏文侯的信任。他最出色的業績是在治鄴時懲治**巫婆**[①]，大破迷信，這件事使西門豹的名字在中國老少皆知，傳誦萬代哩！

鄴郡[②]在魏國的邊遠地區，夾在趙國和韓國中間，因此地勢險要，很有軍事價值。魏文侯想，必須派一個得力的人去把守和治理，以防韓趙兩國的侵入。最後，他選中了西門豹，任命他為鄴郡**守**[③]。

西門豹來到鄴城上任，只見田地荒蕪，人煙稀少，市面蕭條，一片荒涼景象。他心中很奇怪，就召來當地父老鄉親，問這是什麼原因造成的。

父老們愁眉苦臉地歎道：「這都是為了給河伯娶媳婦，才弄成這個樣子的！」

西門豹說：「怪事！怪事！河伯是誰？他怎麼娶媳婦？你們講詳細一點！」

父老們一五一十地告訴他，漳水經過這裏，叫漳河。河伯是漳河的水神，他每年要娶一個年輕漂亮的媳

婦。假如按時挑選一個姑娘嫁給他，他就保佑當地風調雨順，五穀豐登；不然的話，他一發怒就會洪水泛濫，淹沒人家。

西門豹問這是誰的主意？父老們說：「這是當地的巫婆說的，大家都怕水災，所以不敢不服從。每年巫婆和鄉紳**里長**④向老百姓徵集幾百萬元給河伯辦喜事，實際上只用去二、三十萬，其餘的都入了他們的腰包。」

西門豹問：「你們就聽由他們這麼做？」

父老們說：「巫婆主持辦喜事，鄉紳里長為大家的公事奔波，分掉一些錢也就算了。最苦的是每年春天一到，巫婆就挨家挨戶去挑選姑娘，見到哪家閨女長

小知識
①**巫婆**：專門裝神弄鬼替人占卜，祈禱的女巫。
②**鄴郡**：郡，古代的行政區名，比縣小；但秦漢以後郡比縣大。鄴地，在現河南省臨漳縣西。
③**守**：古代官名，是一郡的最高長官。
④**里長**：古代官名。古時行政單位的劃分，縣以下是鄉，鄉以下是里，每里有幾十戶人家。里長即為一里之長。

得漂亮，就説『她應該去當河伯夫人』。有錢人家就花些錢免了這一災，請巫婆去找別家姑娘；窮人家的出不起錢，只好把女兒獻出來。然後，巫婆會選一個吉日，把姑娘打扮起來，放在用**蘆葦**①編的船上，聽任小船隨水漂走，去當河伯的新娘。家有女兒的人都害怕哪天會挨到他家頭上，誰願把閨女嫁給河伯呀，所以紛紛帶着全家逃跑了。因此這一帶人家越來越少，土地也荒蕪了。」

西門豹問：「這裏發過洪水嗎？」

父老們説：「幸虧年年為河伯娶媳婦，所以河伯沒有發怒，洪水倒沒有。但是我們這裏地勢較高，河水不易到達，每逢乾旱，土地**龜裂**②，也是件苦事。唉！」

西門豹聽到這裏，心裏已經明白是怎麼回事了，便説：「既然河伯那麼靈，下次辦喜事時告訴我一聲，我也去向河伯道喜。」

到了河伯娶親那一天，西門豹帶着一隊武士跟着鄉親們來為河伯「送親」。當地的里長、各級官吏、各路鄉紳、衙役都到了，百姓們也都來看熱鬧，河邊聚集了數千人。里長把巫婆領來見西門豹，原來是個七十多

中國歷史之旅

歲的老太婆，身後跟了二十多個打扮得花枝招展的女弟子。

西門豹對巫婆說：「麻煩你把河伯的新媳婦叫來，讓我看看。」

巫婆叫弟子領來一個十四、五歲的小姑娘，她不停地哭着，淚水把臉上的脂粉也沖去了不少。西門豹看了看：說：「河伯是貴神，給他的媳婦應該是個美人。這小姑娘配不上。請大巫辛苦一趟，替我去報告河伯，說我要為他挑個更好的姑娘，後天一定送上。」說完，他命令武士把巫婆抱起來，「撲通」一聲扔進河裏去了。眾人看得目瞪口呆，大氣也不敢出。

西門豹不動聲色地站在河岸上，裝出一副專心等候的樣子。過了一會他說：「看來大巫上了年紀，不中

小知識

① 蘆葦：草本植物，生長於池沼、河岸或道旁。葉片廣披針形，排列成兩行。莖稈可造紙、編織蓆、簾等用品。

② 龜裂：天久不雨，土地乾旱，裂開許多縫，地面上出現很多裂紋。

用了，怎麼去了半天還不回來？請弟子去催一下吧！」說着便令武士把領頭的大弟子也扔到河裏。過了一會，他又裝出不耐煩的神情說：「怎麼還沒回音啊？」於是又叫武士扔了兩個弟子下去。後來西門豹說：「可能因為她們都是女的，不會辦事，還是請里長跑一趟吧！」幾個里長嚇得要逃跑，但早被武士們一個個抬起，推到了河裏。那些鄉紳官吏和衙役們嚇得面如土色，心驚膽戰，唯恐下一次輪到自己。

西門豹又開口了：「派去的這幾位里長年紀太大了，辦事不力，還是派個年輕的去吧！」鄉紳官吏和衙役們一齊跪下，磕頭如搗蒜，連聲哀求饒命。西門豹高聲說：「你們看，世上哪有什麼河伯！罪大惡極的巫婆造謠騙人，你們也跟着興風作浪，盤剝百姓，坑害民女，該不該償命？」那些傢伙都囁囁嚅嚅地說這都是巫婆編的瞎話。西門豹嚴肅地警告他們，今後誰要是再提什麼河伯娶親的鬼話，就先送他到河伯那裏去！

西門豹又派人追回這些壞蛋搜刮來的財物，發還給百姓。河伯娶媳婦的迷信騙人把戲就這樣被西門豹巧妙地拆穿了，一些逃走他鄉的人家聽到消息，紛紛搬回來住。

西門豹知道僅僅破除迷信還不夠，要發展生產還得興修水利。於是他親自帶人察看地形，發動民眾在漳河兩岸開挖了十二道水渠，一方面可以引水灌溉旱田，使不少荒地變成良田；另方面在雨季可以分散水勢，免除了水澇之災。從此百姓們安心耕種，收成倍增，生活安定，西門豹的治鄴功績獲得眾人的**交口稱譽**①。

小知識
①**交口稱譽**：眾人異口同聲稱讚。

4. 鄒忌智諫齊威王

　　國君雖是一國之長，處於萬人之上，主宰一切，但他畢竟也是凡人，也會有行錯踏差的時候。敢於向國君勸諫的人是需要有極大勇氣的，因為喜怒無常的國君也許會在一怒之下取了他的命。聰明的人就會想辦法變通，用說笑話、打比喻等方式來達到勸喻的目的。齊國的鄒忌就是這樣一位聰明人。

　　齊國的王位在公元前379年時傳到因齊手中，他見吳國越國的國君都自稱為王，不甘心居下，也自稱為齊王，就是齊威王。

　　齊威王即位後，整日只知道吃喝玩樂，特別喜歡聽音樂，對國事不聞不問。九年之間，韓、魏、魯、趙都接連起兵進犯，齊兵連連吃敗仗，國勢越來越衰弱了。

　　有一天，有一個讀書人前來求見。他自稱姓鄒名忌，本國人，善於彈琴，聽說威王愛聽音樂，特來求見。威王聽了很高興，立刻召見他，並命令下人搬來一張几①，在他面前放好一張琴②，請他彈奏。

　　誰知鄒忌調好弦後，雙手放在琴弦上並不彈奏。威王感到很奇怪，便問道：「你撫琴不彈，是不是嫌這

琴不好？還是有別的要求？」

鄒忌聽了，乾脆把琴推在一旁，很嚴肅地回答道：「我所知道的是彈琴的道理，至於彈琴，那是樂工的事。」

威王説：「彈琴還有什麼道理嗎？請講來聽聽。」

鄒忌説，彈琴聽琴，就是要使人避開罪惡，改邪歸正。以前古人製作古琴，定下它的長度、寬度、形狀和弦數都是有一定含義的，象徵天地和諧，君臣相得，這也是治理好國家的條件。

威王聽他講得頭頭是道：就説：「你講得很好，一定也很會彈琴，我想聽你彈一曲。」

鄒忌回答説：「我以彈琴為職業，所以懂得彈琴的道理；大王以國事為職業，難道不懂得治國的道理

小知識

①**几**：小而矮的桌子，如茶几，用來放茶具喝茶，古時彈的琴也要放在几上。

②**琴**：這裏是指古琴，一種弦樂器，用梧桐等木料做成，有五根弦，後來增為七根，靠雙手手指撥動而發聲。

嗎？如今大王放着國事不管，這跟我手撫着琴而不彈，有什麼兩樣呢？我撫琴不彈，大王不高興；大王掌握着國家大權而不去管理，恐怕全國的老百姓也不會高興的吧？」

威王聽了大吃一驚，説道：「先生用琴來諫我，我明白了！」就把他留下來，待如上賓，恭恭敬敬地向他請教。鄒忌勸威王要遠離酒樂歌舞，要重用賢能之士，發展生產，操練兵馬，才能富民強國。威王聽了很高興，拜鄒忌為相國，採取了他的很多好建議，認真治理國事，齊國漸漸強盛起來了。

可是，國勢漸漸強大後，齊威王就有些得意忘形了。很多人稱讚他英明能幹，奉承話聽得多了，威王就有點飄飄然，真的覺得自己很了不起，對一些不同的意見就聽不進去了。鄒忌很是擔憂，生怕威王驕傲自大後，會遭到失敗，於是又設法找機會來勸勸他。

鄒忌求見威王，並沒有講什麼大道理，只是給他講了下面這個故事：一大早晨，鄒忌梳洗完畢，穿好衣服戴上帽子準備要出門的時候，照了照鏡子。他見到鏡中的自己**衣冠楚楚**①，**風流倜儻**②的樣子，很是得意，就問妻子：「我跟城北徐公比，誰漂亮呀！」城北徐公

是當時齊國有名的美男子。

他妻子笑着説：「當然是你漂亮啦。城北徐公怎麼比得上你啊！」

鄒忌不相信妻子的話，便又去問**侍妾**③：「我跟城北徐公相比，哪個漂亮啊？」侍妾回答説：「徐公哪能跟你比呀，你比他漂亮多了！」

這時，正好來了一位客人向他借錢，鄒忌也問了他同樣的問題：「人家説我比城北徐公漂亮，你看呢？」客人笑着説：「一點也不錯，你比徐公漂亮！」

第二天，正巧城北徐公來拜訪。鄒忌仔細打量了徐公，卻發現自己比他差多了。

威王聽到這裏，不禁哈哈大笑：「那為什麼他們都説你比徐公美？」

小知識

① **衣冠楚楚**：鮮明整潔的樣子，形容穿戴得整齊漂亮。衣冠是古代士以上的服裝。

② **風流倜儻**：很有風度很灑脱的樣子，多用以形容俊美的男子。

③ **侍妾**：舊社會中男子除了娶有正式妻子之外，也可另娶一個或數個小妻，也叫側室、偏房，小妻也須侍候丈夫及其大妻，故也稱侍妾。

鄒忌沉思着回答：「我想了好久才明白過來，妻子說我比徐公美，是因為她愛我；侍妾說我比徐公美，是因為她懼怕失去我的寵愛；客人也說我比徐公美，是因為他有求於我，所以一心想討好我啊！」

威王聽了點頭同意：「你說得很對，聽了別人的話，是得好好想想，不然就可能受到蒙蔽，分不清是非。」

鄒忌又說：「大王，如今齊國有上千里地方，一百多個城鎮，王宮裏的侍從和美女沒有一個不偏愛大王的，朝廷裏的大臣們，沒有一個不懼怕大王的；全國各地的百姓，沒有不求大王垂顧的。他們為了討好大王，會盡在大王面前說些奉承話，大王是很容易受到蒙蔽的啊！」

威王聽了鄒忌語重心長的一番話，很受啟發。他向全國發布了一道命令：無論是朝廷大臣、地方官吏或是平民百姓，能當面指出他的過錯的，得上等獎；用書面提意見的，得中等獎；就是在背後議論他的過失的，也給下等獎。

由於威王廣開言路，國家越來越強大，被楚、魏、趙、韓、燕五國推為霸主。

5. 商鞅變法

你聽説過「作法自斃」這個成語嗎？它的意思是自己立法反而使自己受害。這個成語出自司馬遷所著的《史記》，説的就是戰國時代商鞅變法的事。

商鞅是一個傑出的政治家。他本姓公孫，名鞅，衞國人。後來在秦國改革成功，被封在商地，所以被稱作商鞅。

商鞅年輕時，很喜歡研究法律。他看到衞國弱小，不能施展他的政治抱負，就到了魏國，在宰相公叔痤（粵音鋤）手下當家臣，幫他掌管家族事務。公叔痤很賞識商鞅的才能，在自己病重時建議魏惠王拜商鞅為宰相，但惠王見商鞅太年輕，瞧不起他，沒有答應。公叔痤就建議如果不重用商鞅，就必須把他殺了，以免他到了別國，將對魏國不利，魏王根本沒把商鞅放在眼內，所以並沒那樣做。

當時秦國位置偏西，各方面的發展都較緩慢，舊貴族的勢力也十分強大。而其他諸侯國已進入封建社會，他們把秦國看成是野蠻民族，稱之為「西戎」，不時派兵攻打它。秦孝公即位後，感到秦國內有貴族專

横，外受強鄰欺壓，日子很不好過，決心發奮圖強，改變國家的落後面貌。於是他下了一道命令，徵求國內外的賢才。

商鞅聽到這消息後，便跑去秦國應徵。他和秦孝公多次長談治國之計，孝公發現他很有才幹，便任命他為「**左庶長**①」。

商鞅向秦孝公提出具體的改革方案。他認為一定要以法治國，要訂出確鑿的法案，讓人民有確切遵守的原則。在變法之前，為了讓百姓相信他言出必行，他做了一件出人意料的事。

商鞅叫人在都城的南門豎了一根三丈高的木頭，旁邊貼了張告示：「誰能將這根木頭搬到北門口，賞他十兩金。」

路過的行人都停下來觀看告示，大家議論紛紛，把這百來斤的木頭搬幾里路，這有什麼難的？為什麼給這麼多獎金？是不是有什麼圈套？因此，雖然很多人圍觀，卻沒有人動手去搬。

過了幾天，還是沒有人敢來碰那根木頭。商鞅就把賞金提高到五十兩黃金。人們更加疑惑了，不知道這新上任的左庶長葫蘆裏到底賣什麼藥。這時，一個壯漢撥開人羣走上來說：「我來試試！」扛起木頭就走。人們好奇地跟在他後面，一羣人浩浩蕩蕩來到北門。商鞅在那兒等着呢，他真的獎給大漢五十兩金子。人們驚呆了。消息傳遍全國，大家都說：「左庶長說話算數，說到做到，他的命令可不是隨便說說的啊！」這件事為推行新法令打下基礎。

小知識

①**左庶長**：秦代官爵名，掌握軍政大權，相當於別國的卿。秦代爵位共分二十級，左庶長是第十級。

公元前356年，商鞅的新法令公布了，主要內容有以下幾點：

一、廢除**世祿制**①，獎勵殺敵立功。官爵大小以在軍事上立功多少為標準。這就限制了貴族的特權，他們不去打仗立功就不能做官受爵，只能享受平民待遇。

二、實行連坐法，加強社會治安。把居民組織起來，五家為一「伍」，十家為一「什」，互相監督。檢舉壞人和殺敵一樣有賞。外出必須攜帶身份證，沒證的人不能在旅店留宿。

三、鼓勵發展生產。糧食和布匹的產量超過一般標準的家庭，可以免除勞役，遊手好閒的人要罰做官奴，並鼓勵人們墾荒造田。

新法令公布後，百姓努力生產，軍人英勇殺敵，積極性大為增加，不到十年秦國就強盛起來。孝公見到新法令成效顯著，很是高興，提升商鞅作**大良造**②，封給他十五座城鎮，又派他帶兵去攻打魏國，凱旋而歸。公元前350年，秦遷都咸陽，同時進行了第二次變法，把全國分成三十一個縣，由中央派官去治理，不稱職的官要治罪；廢除井田制，鼓勵開荒及自由買賣土地；統一度量衡，制定法律等。十年以後秦國成為當時最富強

的國家，周天王封孝公為「**方伯**③」，中原各國紛紛前來祝賀，為以後秦始皇統一中國打下了基礎。

可是，商鞅變法從一開始就遭到了舊貴族的強烈反對。以太子的兩位師傅為首的一批舊貴族故意破壞新法令的實施，唆使太子不服從新法令。商鞅毫不妥協，把太子的兩位師傅治了罪：一個被割了鼻子，另一個的臉上刺了字。

過了幾年，秦孝公病死，太子繼位，就是秦惠文王。以前反對變法的一批人得勢了，他們串通一氣，誣告商鞅陰謀造反，惠文王派兵去捉商鞅。

商鞅知道自己性命難保，扮作一個小兵連夜逃走。他逃到函谷關時天色已黑，便想在客棧投宿一晚再走。誰知客店老闆說：「非常抱歉，新法令規定，不許收留沒有身份證的人，否則我們要被砍頭。」商鞅長

小知識
①**世祿制**：指古代貴族世世代代享受俸祿的制度。
②**大良造**：秦國官名，秦爵位之第十六級，相當於宰相兼將軍。
③**方伯**：一方諸侯的領袖。

歎：「我自己制定的法令，到頭來卻害了我自己！」

　　後來，商鞅被惠文王的兵逮捕，被處以**五馬分屍**①的酷刑，家族也被**滿門抄斬**②。改革者的事業雖然成功了，但改革者卻落得如此淒慘的下場！

小知識

①**五馬分屍**：古代一種殘酷的刑罰，用五匹馬拴住人的四肢和頭部，然後鞭打馬匹，讓馬向五個不同方向跑，活活把人撕裂成五塊。有時也用車拉，故又叫「車裂」。

②**滿門抄斬**：一人犯罪，全家人被牽連而遭殺害。

6. 孫臏與龐涓鬥智

　　孫臏和龐涓都是鬼谷子的門徒，兩人意氣相投，曾**結拜**①為兄弟。與他們同時求學的，還有蘇秦、張儀等人。

　　孫臏是齊國人，他的祖輩就是春秋時代著名的軍事家孫武，著有《孫子兵法》一書。孫臏年輕時也很聰明，喜歡研究兵法，於是，他便來到魏國，向**隱居**②深山的鬼谷子學習軍事。

　　那時魏惠王見到魏國內外交困，國勢一天天衰落，很是着急，便出重金招募賢才。龐涓想去應招，孫臏支持他去。臨別時龐涓對孫臏說：「我一旦得了功名，就向魏王推薦你，我們弟兄倆同享富貴。」

　　龐涓到了魏國都城大梁，果真取得了惠王的信

小知識

①**結拜**：舊時指因為感情好或有共同目的而相約為兄弟姐妹。

②**隱居**：對統治者不滿的，或是有厭世思想的人住在偏僻地方，不出來做官。

任，當上了魏國的大將，兼任軍師。他率兵攻打衛國和宋國，接連取勝，嚇得魯、鄭等小國也紛紛來向魏國朝貢。魏王更信任他了，龐涓就漸漸狂妄自大起來。

後來有人向魏惠王說起孫臏，說他學了孫武的兵法，天下無敵，以前和龐涓也是同學等等。惠王便叫龐涓寫信請孫臏來。龐涓明知孫臏的學識和本事都比自己強，心中很是嫉妒。

孫臏接到龐涓的信後，高興地來到大梁。他以為是龐涓主動向魏王推薦他的，對龐涓十分感激。惠王和孫臏交談後，對他十分賞識，想安排他做副軍師。龐涓假裝說不能讓師兄做他的副手，還是先讓孫臏做**客卿**[①]，以後立了功再當軍師，他自己甘願做他的助手。

其實，龐涓心裏對孫臏忌恨極了，惟恐日後孫臏會超過自己掌大權。於是他設了一條毒計來陷害孫臏：他先派人送一封假信給孫臏，以他遠房兄弟的名義邀他一起回齊國去為齊王效勞。孫臏回了一信，說明自己已經在魏國做事，不能回齊了。龐涓叫人篡改了信，寫成是孫臏答允要回齊國去，然後用此假信去向魏惠王告發，說孫臏私通齊國，建議魏王殺了孫臏。魏王很猶疑。龐涓便又到孫臏那兒去，慫恿他請假回齊國去看

看。惠王收到孫臏的請假奏章後勃然大怒，以為他真的要走，便派人把孫臏捉起來，投入大牢。

龐涓又假惺惺地來探獄，説要為他去向惠王求情。誰知他回去卻在惠王面前推波助瀾，説孫臏在獄中如何如何辱罵惠王。惠王大怒，下令將孫臏刺面剐骨。龐涓帶了幾個大漢回到監獄，告訴孫臏，説是魏王本來要處他**極刑**②，經他再三説情，才免他一死。孫臏信以為真，便感激地説：「這全虧你説情，我忘不了你的大恩大德。」龐涓就叫刀斧手動刑，挖去了孫臏的兩塊膝蓋骨，孫臏痛得昏了過去。大漢們又在他臉上刺了字，塗上黑色，標誌囚徒身份，從此孫臏成了殘廢人，後人就稱他為孫**臏**③。

孫臏醒來後，見龐涓一邊哭着，一邊為他包紮傷口，很是過意不去。以後一個多月裏，龐涓為他治傷，

小知識

①**客卿**：古代指在本國做事的外國人。

②**極刑**：最高的刑罰，即死刑。

③**臏**：即臏刑，指挖去膝蓋骨的刑罰。

又負擔他的生活費用，孫臏不知該怎麼報答他才好。這時龐涓就開口了：「你有沒有《孫子兵法》這部書？我想借來看一看。」孫臏說：「書倒沒有，但是我下功夫學過這本書，能背出來。」龐涓就請他寫下來，孫臏一口答允了。

孫臏拖着傷殘的身子，每天辛苦地在竹片上刻字。龐涓催得很緊，還派人去監督他。紙包不住火，孫臏的僕人打聽到實情，回來告訴孫臏：「軍師留着你的命，只是為了把你腦子裏裝着的《孫子兵法》掏出來，之後就要把你殺掉！」

孫臏先是大吃一驚，再一想就恍然大悟：原來這一切都是這人面獸心的龐涓一手設計陷害他的！他痛罵龐涓不仁不義，罵着罵着突然把寫有兵法的竹簡統統扔進火爐裏，接着大叫大哭，手舞足蹈，吵鬧不休，看上去是瘋了。

龐涓聞訊趕來，只見孫臏披頭散髮趴在地上，一會兒哭一會兒笑。他懷疑孫臏裝瘋，叫人把他拖到豬圈①裏。孫臏倒身撲在豬糞堆上，揀起豬糞和泥土就往嘴裏塞。龐涓見他真的瘋了，便不再逼他寫兵書。孫臏拖着一雙瘸腿，在豬圈裏爬進爬出，整日瘋瘋癲癲的。

齊國的大臣田忌知道了這事，就向齊威王請求搭救孫臏。他們派了個使團到魏國，假裝是去向魏王送禮，使團回國時卻偷偷把孫臏藏在車上帶回齊國。龐涓後來聽人說孫臏不見了，還以為他失足掉在井裏淹死了，沒想到他已安全到了齊國，成為田忌的座上客了。

田忌請名醫為孫臏治傷，使他很快地恢復了健康。田忌希望齊王重用孫臏，只是苦無機會舉薦，只好從長計議。

再說這齊王很喜歡賽馬，常派遣馬匹出賽，與王公大臣們的馬一賭勝負。田忌的馬比齊王的馬稍差，所以常常落敗。孫臏知道後，便教田忌：「你可用下等馬比他的上等馬，輸一場；再用上等馬比他的中等馬，用中等馬比他的下等馬，如此贏回兩場，你就可贏齊威王了。」

田忌依計而行，果然大獲全勝。齊王十分奇怪，便問田忌取勝之道，田忌見機會來了，便將孫臏的策略

小知識
①圈：用柵欄把家禽家畜圍起來飼養的地方，如豬圈、羊圈、馬圈等。

一一説出。齊王十分佩服，馬上召見孫臏，並予以重用。

公元前343年，魏國派龐涓率兵去打韓國，韓國連忙向齊國求救。

那時齊威王已死，剛即位的宣王派田忌孫臏帶五萬兵去救韓國，田忌正要下令進軍韓國，孫臏卻主張去攻魏國的國都**大梁**①，來個「圍魏救韓」。田忌聽了大為折服，即與孫臏率軍攻魏。

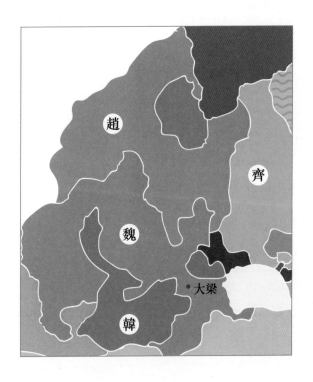

龐涓果然中計，馬上從韓國撤兵回國，這時齊軍已進入魏界。龐涓派人數數齊軍住過的營地上做飯用過的爐灶，第一天有夠十萬人吃飯用的，第二天已減少到五萬人，第三天數出的爐灶數只夠給三萬人做飯用的了。龐涓放了心，得意地說：「齊兵都是膽小鬼，聽到我回來救駕，三天裏就逃掉了一大半！」於是他命令大軍不分晝夜地追趕齊軍。

其實，這也是孫臏故意布置的**迷魂陣**②，引誘龐涓前來送死。

龐涓帶兵沿着齊軍的行軍路線來到**馬陵**③，已是天黑時分。這馬陵道又窄又長，夾在兩山中間。他們發現前面的路被一些橫七豎八的木頭堵住了，仔細一看，這一帶的樹已全被砍下，只剩下孤零零的一棵大樹，樹身上露出一大塊白色，上面依稀有些字跡。龐涓叫人點起

小知識

①**大梁**：今河南省開封市。

②**迷魂陣**：比喻能使人迷惑的圈套、計謀。

③**馬陵**：今河北省大名縣東南。

火把一看，原來樹上用黑炭寫着十個大字：「龐涓死此樹下！軍師孫示。」

龐涓大叫：「原來這瘸子沒死！」他話音未落，無數枝箭從山道兩邊飛落下來，魏軍大亂，龐涓身中數箭，羞愧萬分，拔劍自盡了。魏軍將士死的死，傷的傷，全軍覆沒。

田忌孫臏凱旋而歸，宣王論功行賞，拜田忌為相國，還要賞給孫臏封地，但孫臏堅決不受。他把親手記下的《孫子兵法》十三篇獻給宣王，辭了官，隱居起來了。

孫臏也曾把自己的軍事經驗總結起來，寫了一本叫《孫臏兵法》的書，可惜失傳了。直到1972年，考古工作者從山東銀雀山漢墓中發掘出一批竹簡，才發現了這本書。聰明的孫臏用他的軍事才能戰勝了龐涓，而龐涓這個陰險小人，終究沒有好下場！

軍師孫臏

　　孫臏（生卒年不詳），原名叫孫伯靈，山東鄄城人，是軍事家孫武的第五代子孫，少年時代孤苦伶仃。他心地善良，誤信了奸猾的龐涓，被誣入獄，受臏刑後人們習慣性稱他為孫臏，真名反而失傳了。

　　關於他所受的臏刑，一般都認為是挖去膝蓋骨，但有學者認為是錯誤的理解。有一本《資治通鑒》註解中說：夏朝有臏刑，是挖去膝骨，到了周朝改為刖刑，即是砍掉兩足，孫臏所受的正是臏刑。司馬遷在《史記·孫子吳起列傳》中記的也是「龐涓……以法刑斷其（孫臏）兩足」，在另一處中也記道「孫子臏足，終不可用。」

　　相傳孫臏晚年隱居在清靜的地方研究以前所學的兵法知識，總結自己的實際作戰經驗，他所寫的 89 篇《孫臏兵法》（一萬一千多字）連帶 4 卷作戰圖於 1972 年出土後，現收藏在山東臨沂金雀山漢墓竹簡博物館裏。

　　孫臏很受百姓愛戴。傳說他受刑之後不能行走，為保護傷腿，他自己用獸皮做成有史以來第一雙長筒皮靴；獸皮太硬，他就把皮去毛加工變柔軟，所以製鞋業、皮革業尊他為祖神。又傳說孫臏曾為老師鬼谷子挖窰燒炭，找到「無煙煤」；又在為鬼谷子磨豆漿時無意中滴入鹽水製成了可口的豆腐，人們就把他供為燒炭業和豆腐業的祖神和保護神。

7. 合縱與連橫

我們都知道「縱」和「橫」的意思——橫是與地面平行的直線，縱是與它垂直交叉的豎線。我們在這裏講的「**合縱①**」和「**連橫②**」，卻是指發生在戰國中後期的政治活動，國與國之間的一種鬥爭策略。好比有七個常在一起玩的孩子，假如其中一個孩子力氣很大，常常欺侮別人，那另外六個孩子會怎麼樣呢？他們可能會聯合起來對付他，也可能其中有些弱小的孩子會和他交好，他就會利用這形勢去拉攏其他孩子，挑撥他們之間的關係，使他們一個個地歸順自己。

小知識

① **合縱**：意思是齊、楚、趙、燕、韓、魏六國聯合起來，共同抵抗秦國。因為六國在秦國以東，位置縱貫南北，聯合後可以連成一條縱線來對付秦，故稱「合縱」。

② **連橫**：連橫是針對合縱的策略，認為秦國太強大，六國只有依賴秦國、與秦國結盟，才能保存自己。如此，西邊的秦國與東邊的六國連成一條橫線，故稱「連橫」。

當時的秦國就像是那個強大的孩子。秦在商鞅變法後日益強大，不斷侵犯鄰國。其他六國都很害怕，想方設法來對付他，於是出現了「合縱」和「連橫」兩種主張，代表人物是蘇秦和張儀。

蘇秦和張儀以前同拜鬼谷子為師，學習外交及軍事。學成後蘇秦回到洛陽老家，本想去周遊列國一展所長，但他弟弟勸他就在洛陽本地為周天子做事。周天子留他在賓館住下，左右大臣見他出身農家，只有遊說的本事，沒有一個人肯向周王推薦他。蘇秦見在此不受重用，又聽說秦國的商鞅已死，便去秦國想謀得一個官位。但是新即位的秦惠公很討厭謀士說客，沒有理他。蘇秦的路費用完了，衣服也破舊不堪，只好灰溜溜地回到老家。

沒想到他的妻子和嫂嫂見到他那副落魄的樣子，都很瞧不起他；父母也罵他沒出息。蘇秦下決心研究兵法，要憑真才實學揚名於世。他把自己關在房間裏用功讀書，他怕自己會打瞌睡，便用繩子繫住自己的頭髮吊在房樑上，頭一低，頭皮就會被揪痛，人也就清醒了；他又準備了一隻**錐子**[①]，眼皮累得睜不開時就用錐子狠狠地刺自己的大腿。如此懸樑刺股苦讀了一年多，蘇秦

熟讀了姜太公兵法，記熟了各國地形人情，政治情況和軍事力量，便整裝出去遊説活動，推行他的合縱抗秦計劃。

他先去見燕文王，對他説：「燕國多年沒有戰事，是因為趙國在西邊作了屏障。所以你不要怕秦，應該聯合趙國抗秦。」燕王覺得很有道理，便派他去趙國遊説。

蘇秦對趙王説：「秦國向東侵略，最危險的就是趙國。現在秦不敢攻趙，是擔心趙國南面的韓魏兩國會從後面夾攻。韓魏一旦被秦吞滅，趙國就危險了，不如趁早聯合各國一起抗秦。」趙王很高興地接納了他的意見，拜他為相國，贈他黃金碧玉等財物。蘇秦正要動身去遊説韓魏兩國時，趙王接到邊界急報，説秦國出兵攻打魏國，魏軍大敗，割地十處求和，秦將進一步打趙國。蘇秦聽了心中大驚，他知道如果秦軍真的打過來，

小知識
①**錐子**：有金屬製的尖頭，用來扎孔的工具。

趙國也一定會求和，合縱的事就告吹了。他便鎮靜地安慰趙王說：「秦兵已經很疲累了，一時不會攻趙，即使攻過來，我自有退兵之計。」趙王便留他先住在身邊觀察動靜。

蘇秦住下後，馬上派一個心腹化名叫賈舍人，扮作商人到魏國去找張儀，並教賈舍人如此如此行事。

再說張儀這時正很潦倒。他學成後回到魏國，魏王沒重用他，他就去了楚國，在相國昭陽家做了**門客**①。一次昭陽請客喝酒時拿出楚王送給他的和氏璧給客人觀賞，後來不知怎麼這塊璧玉不見了，懷疑是張儀偷的，把他吊起來毒打了一頓。張儀奄奄一息回到家裏，安慰妻子說：「只要我的舌頭還在，就是我的本錢，不會一直窮下去的。」

張儀聽說蘇秦在趙國當了相國，就想去拜訪，正好有個叫賈舍人的趙國商人做完了買賣要回趙國，兩人就結伴同行。

張儀到了趙國後求見相國蘇秦，誰知一連等了五天才被安排，但又叫他從**耳門**②進，進去後又在堂下等了半天。到了中午只給他一菜一飯充饑。飯後蘇秦接見他時態度十分冷淡，張儀忍不住大罵道：「蘇秦，你太

不講情義了，為什麼不把我這老同學放在眼裏？」

蘇秦冷冷地説：「以你的才能，早就該發達了，怎麼還如此潦倒？我想推薦你，但恐怕你大不如前了，成不了大事。今念在舊同學份上，贈你**一錠金**③，請自便吧！」

張儀氣得把金錠一摔，憤憤地回到旅店。他想去秦國，可是連付清房租的錢也沒有。正在此時，賈舍人來看他，知道這情況後就説自己也正好要去秦國探親戚，便約他一起走，還幫他付清了欠旅館的賬。

到了秦國後，賈舍人給他做了兩套衣服，又拿出一筆錢來賄賂秦惠文王左右，求他們為張儀向秦王推薦。那時秦王正後悔沒重用蘇秦，聽説張儀是蘇秦的同學，就召見他，拜為客卿。

賈舍人見一切已安頓好，便要辭去。張儀要報答他救命之恩，賈舍人才説出實情，原來這事完全是蘇秦

小知識

①**門客**：王公貴族家裏養的幫閒或幫忙的人，也叫食客。

②**耳門**：大門兩旁邊的小門。

③**一錠金**：鑄成塊狀的黃金，重十兩。

一手策劃的，他正在計劃合縱之事，就怕秦國去攻打趙國壞了他的事。他認定只有張儀才可左右秦王，所以叫賈舍人扮作商人引張儀來趙國；又怕張儀滿足於一官半職，就故意怠慢他來激怒他投秦。一切的花費都是蘇秦出的，為的是讓秦王重用他。

張儀聽後歎息道：「我哪比得上蘇秦啊！請你向他道謝。他在一天，我決不讓秦國攻趙。」

於是蘇秦又相繼說服韓、魏、齊、楚加入合縱。公元前333年，趙國主持召開了六國國君會議，約定共同抗秦，推舉蘇秦為六國宰相，策劃合縱抗秦之事。

那幾年間，七國間基本上沒什麼戰爭。

但是蘇秦死後局勢就變了。張儀當上了秦國的相國，掌管軍政大權。秦惠文王覺得六國盟約是個很大的威脅，張儀建議道：「要解除造盟約，首先要離間齊和楚這兩個強國，讓我去一趟，我一定讓他們散伙。」

於是，張儀便開始實施他的「連橫」計，他跑到楚國，哄騙楚懷王跟齊國絕交；又去跟齊王說秦楚已結親，韓趙魏也爭先恐後向秦國獻地結好；再跑到趙國燕國去，騙他們說別國已割地給秦作禮物，誰結交秦就會安全，反對秦就要倒霉……就用這種連哄帶騙加威脅

的方法，張儀把六國合縱聯盟逐步拆散。他鼓動彈簧之舌，到處遊說，是個典型的**政客**[①]。而六國因為心不齊又不合力，被秦國用又打又拉、遠交近攻的策略而各個擊破了。

小知識
①**政客**：指從事政治投機，玩弄權術，謀取私利的人。

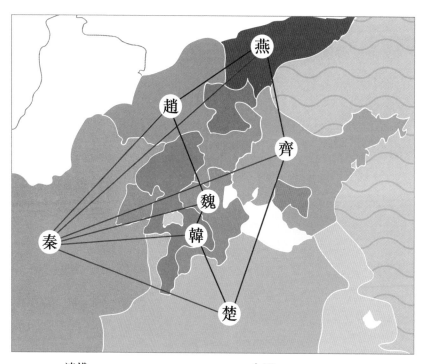

—— 連橫　　　　　　　—— 合縱

8. 趙武靈王的胡服騎射

我們從圖片上可以看到，古代人穿的都是寬大的長袍大掛，與現代人的短衣長褲很不相同。服飾的這一改變是從什麼時候開始的呢？追根尋源，原來趙國國君武靈王是我們中華民族服裝改革的一大功臣呢！

趙國自趙襄子建國後，一度是個強國，後來漸漸衰落了下來。公元前325年武靈王即位，是趙國的第六個國君。據說他長得魁梧高大，孔武有力，很有雄心壯志。

武靈王是一個社會改革家，也是一個軍事家。他看到趙國常被一些大國欺負，甚至像中山這樣的小國都會依仗齊國之勢常來侵襲，照這情況下去，趙國將很快被吞併掉。要改變被動挨打的局面，首先必須在軍事上實行改革。

武靈王在邊境修築瞭望台，密切注意隔鄰齊國和中山國的動向。那時趙國北方大多是**胡人**[1]部落，胡人**是遊牧民族**[2]，常和趙國有衝突。胡人作戰時都是騎着馬，彎弓射箭。他們穿着短衣長褲，行動方便，動作靈活，速度又快。而趙國官兵大多數是步兵和戰車混合編制的隊伍，官兵都穿長袍，戴着沉重的盔甲，行動很不

方便。武靈王有心想改革一下。

　　一天，武靈王召見大臣肥義和樓緩，對他們説：「我國北有燕、胡，東有齊和中山，西有秦、韓等國，四面八方都是敵人，若不發憤圖強，隨時會被人滅了。我打算從改革服飾着手，這樣才可改進打仗的方法。」他站起身來晃晃袖子、兜兜衣服**下襬**③説：「看，我們穿的衣服，袖子太長，腰身太肥，領口太寬，下襬太大，做事很不方便。我打算仿照胡人的裝束，穿小袖的短掛，腰裏束根皮帶，腳穿皮靴，這樣走路打仗都很方便。」

　　兩位大臣起初很吃驚，但是聽他説得有理，便也同意了，願意幫助他實現改革。

　　第二天早上，三人就穿着胡服上朝。大臣們見了驚訝不已，即時議論紛紛：這不是把中原的文化、禮儀

小知識

①**胡人**：中國古代對北方和西方各民族的泛稱。

②**遊牧民族**：從事畜牧業，無固定住所的民族，往往帶着畜羣找水草而不斷轉移居處。

③**下襬**：長袍、上衣、襯衫等最下面的部分。

都丟盡了嗎？其中武靈王的叔叔公子成反對得最厲害，他乾脆裝病不上朝。武靈王幾次親自上門，反覆對他講穿胡服學騎射的好處，並指出禮儀法規都是因地制宜，不必死守古代的一套。公子成終於被說服了，穿上了武靈王送給他的一套胡服，其他大臣們也就無話可說只好跟着改了。

於是趙國全國上下，從國君到百姓，從將帥到士兵，一律脫下了大袖寬袍，改穿窄袖短衣；打仗時改成騎馬射箭。這在當時是震驚中原的一件新鮮事。武靈王親自訓練了一支強大的騎兵隊伍，改變了原來的軍隊裝備。第二年起，趙國的國力就強大起來，打敗了以前經常來騷擾的中山國，又收復了東胡和附近幾個部落，擴大了上千里的疆域。

公元前299年，趙武靈王讓位給兒子趙惠文王，讓他早些得到執政的經驗。他自己做主父，也就是太上皇，考慮國家的長遠大計。為了對付秦國的威脅，武靈王親自扮成趙國使者去向秦王遞交新王登基的**國書**①，一路上考察秦國的山川地形，並叫人詳細描繪下來。從和秦王的交談中，他看清了秦一時還不會攻趙，趙也還不是秦的對手，便利用這機會向西北發展。武靈王親自

帶兵滅了樓煩和中山兩國，趙國成了七雄中的強國之一了。

　　趙武靈王向胡人學來的這種短衣長褲的裝束，以後就成為漢民族服裝形式的一部分，兩千多年以來一直沿用了下來。武靈王不拘泥於舊習俗，敢於摒棄偏見，向兄弟民族學習，這在歷史上是一件有意義的大事，也說明了中華民族的文化是由多個民族交融匯合而形成的。服裝的這一改革的確改得好，現在要是叫你別穿T恤和牛仔褲，穿回長袍大掛，你一定會叫苦連天吧！

小知識

①**國書**：一國派遣或召回大使時，由國家元首寫給接　　受國元首的正式文書，大使只有在遞交國書　　後才被認為開始執行職務。

9. 孟嘗君的門客

戰國時代盛行「養士」的風氣，一些王公貴族為了鞏固自己的地位，到處網羅人才，培植親信，擴大自己的勢力。趙國的平原君、齊國的孟嘗君、魏國的信陵君和楚國的春申君是以養士出名的戰國四公子。他們手下都有兩三千名門客，這些門客都有一定的本事才能，為主人出謀劃策，排難解憂。有些門客其實沒什麼本事，只是來混口飯吃，所以也被人稱作「食客」。

孟嘗君是齊國的貴族，手下人才濟濟。天下各種人物凡是投奔他的，他一概收留，供應衣食住行，所以他的勢力相當大。秦昭襄王為了拆散齊楚聯盟，想請孟嘗君來秦國，便派自己兄弟涇陽君去齊國作抵押，齊湣王不敢得罪秦國，只好讓孟嘗君走，並把涇陽君也送回去。

孟嘗君帶了一大批門客來到咸陽。秦昭襄王親自迎接他，孟嘗君送給他一件很名貴的**銀狐**[1]皮袍作禮物，昭襄王很高興地把它收在國庫。

昭襄王想請孟嘗君當丞相，有人對他說：「孟嘗君是齊國貴族，手下人又多，他當了丞相一定會處處替

齊國打算。」昭襄王覺得有道理，便打算把孟嘗君送回齊國。可是又有人說：「他在秦國住了這麼久，秦國的情況他已摸清楚，回去後恐怕會對秦國不利。」昭襄王覺得也有道理，於是就把孟嘗君軟禁了起來。

孟嘗君失去了自由，心中很着急，便找已成了好朋友的涇陽君幫忙求情。涇陽君帶了兩對**玉璧**②去見秦王的寵妃燕姬，想請她幫忙。但是燕姬不要玉璧，只要那件孟嘗君送秦王的銀狐皮袍。孟嘗君這下犯了難：皮袍只有一件，已經送給秦王了，怎能要回來？

孟嘗君手下的一個門客說：「我有辦法，這件事包在我身上。」

這個門客跑去和秦王宮裏管衣庫的人聊天，摸清了衣庫的地形。晚上，他就從一個狗洞爬進宮去，把那件銀狐皮袍偷了出來。涇陽君把皮袍獻給燕姬，燕姬果然勸得秦王放了孟嘗君，並簽發了過關**文書**③，讓他們回國。

小知識
①**銀狐**：狐的一種，也稱玄狐，毛深黑色，但長毛的尖端白色，產於北美。
②**玉璧**：古代的一種玉器，扁平，圓形，中間有孔。
③**文書**：泛指公文、書信、契約等見諸文字的文件。

孟嘗君拿到文書，急急忙忙向**函谷關**①出發。他怕秦王反悔，便改名換姓，打扮成商人。他的門客之中有人專會假造文書，便巧妙地改了文書上的名字。一行人來到函谷關，正是上半夜時分。按照秦國的規矩，要到清晨雞叫的時候才放人出關。他們只好愁眉苦臉地在關裏等天亮，擔心秦王會派人追來。

正在此時，門客裏有人捏着鼻子學起雞叫來。接着一聲跟着一聲，好像有多隻公雞在應和，引得關裏的公雞全都叫了起來。守關人以為天亮了，開了城門驗過文書，就放他們出了關。果然，秦王後悔放了他們，派兵急急追來，孟嘗君他們早就走遠了。後人就多以「雞鳴狗盜」來比喻一些不足道的低劣本領，但在那時，倒是救了孟嘗君一命哩！

孟嘗君回國後當了齊國的相國，他知道這次死裏逃生，全靠門客幫助，就更加重視他們，這樣，投靠他的門客更多了。他把門客分為上、中、下三等：上等門客出門有車馬代步，中等門客吃飯時有魚肉，至於下等門客，就只能用粗茶淡飯了。

有個名叫馮驩（粵音歡）的，日子過不下去了，就帶了一把劍來投靠孟嘗君。孟嘗君問他有什麼本事，

他說什麼本事也沒有。管事的就把他作下等門客對待。

過了幾天，馮驩用劍敲着柱子唱起歌來：「劍呀，我們回去吧，這兒吃飯沒有魚肉呀！」

管事的報告了孟嘗君，孟嘗君就吩咐讓他搬入中等門客宿舍，給他魚肉吃。

又過了五天，馮驩又彈着劍唱道：「劍呀劍，我們回家吧，這裏出門沒有車呀！」

孟嘗君知道後，命令管事的分給馮驩一套車馬，按上等門客對待。

又過了五天，馮驩又在唱歌了，這次他唱的是「沒有錢養家」呢。

孟嘗君打聽了一下，知道馮驩家裏還有一個年邁母親靠他撫養，便派人經常給他母親送錢送物。這下馮驩再也不彈劍不唱歌了。

小知識

①**函谷關**：在今河南靈寶東北，秦國設置的關口，因關在谷中，深險如函得名，號稱天險。

有一天，孟嘗君想起自己曾在封地薛城放過一些債，已許久未派人去收討，便派馮驩去收債。臨走前馮驩問：「回來的時候，要帶點什麼東西嗎？」

　　孟嘗君說：「你看我家缺什麼就買什麼吧。」

　　馮驩到了薛城，見到借債的都是一些窮人，實在無力還錢，馮驩就當面把債券都燒了，不再要他們償還，還告訴他們說：「這都是孟嘗君的恩典，大家別忘了！」

　　馮驩回到臨淄，孟嘗君責問他為什麼燒了債券，馮驩不慌不忙地解釋說：「我走的時候，你不是說過你家缺什麼就帶什麼回來嗎？我看你這兒什麼都不缺，獨缺對窮人的情義，所以我就燒了債券，替你買回了情義。」

　　孟嘗君不好再說什麼，只是心裏很不以為然。

　　後來，齊湣王聽信了別人的讒言，以為孟嘗君想篡權，便免去了他的相國職務，將他貶回薛城。那些門客們見主人失了勢，便紛紛離去，只有馮驩仍跟着他。孟嘗君回薛城時，馮驩為他駕車，車到離薛城一百里地時，薛城的百姓扶老攜幼夾道歡迎他。孟嘗君感歎道：「你過去給我買的情義，今天我才看到了！」

接着，馮驩又為孟嘗君辦了件好事，他到秦國去，遊説秦昭襄王派人帶了厚禮往薛城去聘孟嘗君為相國；另方面馮驩又急急回到齊國向湣王報告這個消息，建議湣王重新任用孟嘗君，不要被秦國搶去。齊湣王探聽到秦使真的已入了齊國，連忙派人請回孟嘗君，重新拜他為相國，另多給一千戶的**俸祿**①。門客們知道後，又紛紛回來投奔他，孟嘗君氣得想趕他們走。馮驩勸他要熱情招待他們，顯得自己的氣量大。孟嘗君在門客們的支持下，又安安穩穩地做了多年相國。

　　這就是馮驩為孟嘗君安排的「**狡兔三窟**②」計策——除了薛城外，還有秦國咸陽和齊都臨淄兩個安身之地，不愁沒去處。瞧瞧，門客的作用有多大啊！

小知識

①**俸祿**：舊時稱官吏的薪金。

②**狡兔三窟**：狡猾的兔子有三個窩，比喻藏身的地方多，便於逃避災禍。

狐兔三窟

　　孟嘗君的門客之一馮驩用心縝密，在孟嘗君還身居齊國相國的高位時，他就在其封地薛城燒了債券，買到了當地的人心，因此當孟嘗君被齊王罷免了相國一職後，能退回自己的封地得到百姓的擁護。然後馮驩去游說秦王聘孟嘗君當相國，又把這個消息告訴齊王，使齊王不甘心人材被秦奪走，再度任命孟嘗君為相國。這樣，馮驩就是為自己的主子準備了三條出路——齊國、秦國、封地薛城。這真是一位對主子忠心耿耿、能深謀遠慮的聰明人，他知道「伴君如伴虎」，即使是今天得寵的相國，明日也可能就失寵下台，所以一定要準備好退路；他又不想埋沒了主子的才能，便把他推薦給兩個國君，也就是為他另準備了兩條日後可走之路。人們稱這是「狐兔三窟」，按現代人的話來說，就是做事要「留有後路」，凡事要有「兩手準備」甚至「三手準備」，切莫把全部家當、一切希望押在一個賭注上，通俗的說法是「別把全部雞蛋放在一個籃子裏」。其實這是古人教給我們的一種成功之道。

薛城

9.孟嘗君的門客

10. 田單的火牛陣

在作戰雙方力量相差懸殊的情況下，弱方能否扭轉局勢轉敗為勝呢？相信很多人會搖頭説這是相當難的事。歷史上有名的田單大擺火牛陣正是戰國後期一次以少勝多、以弱勝強的戰爭故事。

公元前284年，燕昭王為了一報二十多年前齊宣王攻佔燕地、殺害父王之深仇大恨，命令樂毅為**上將軍**①，率領趙、魏、韓、楚、燕五國大軍攻打齊國。大軍浩浩蕩蕩長驅直入，攻下了齊國七十多座城市。齊湣王親自出馬迎戰，被打得大敗，逃回國都臨淄（粵音之）。各國軍隊乘勝各自分路攻克邊境城市，只有樂毅率領燕軍繼續追擊，很快攻克了臨淄，齊湣王被迫退至**莒城**②，混亂中被部下殺了。

齊國的大片國土已喪失，只剩下莒城和**即墨**③兩個

小知識

①**上將軍**：統帥一切軍事的將軍。

②**莒城**：今山東莒縣。

③**即墨**：今山東平度縣東南。

地方，燕軍佔領絕對優勢，齊國已到了即將亡國的境地。樂毅的軍隊一直打到即墨城，即墨的大夫出城迎戰時陣亡，城裏沒有人指揮，形勢非常危急。

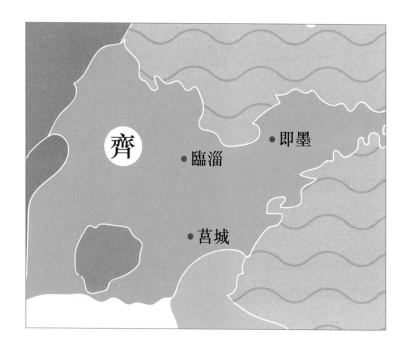

這時，有人想起了田單。田單原來是臨淄的一個小官，精通兵法，很會打仗。燕軍攻佔臨淄時，田單設法改造了車子結構，在撤退時發揮了作用，減少了損失。他帶着全家逃到即墨，參加了防守工作。大家覺得他很有才能，便推舉他為將軍來指揮作戰。

　　田單決心和大家一起堅守即墨，保衛齊國。他一上任就把自己家族的人全編進了軍隊，自己也和士兵一起修築工事和操練、所以官兵都很愛戴他，願和他一起同心協力守城。

　　田單知道燕將樂毅是有名的軍事家，燕軍也正打得興起，士氣很高。他就避開這鋒頭，只是加強防備，嚴守城池，但憑燕軍在城外如何挑戰，就是不出去應戰，避免與之交手。樂毅圍攻了三年還攻不下來。

　　漸漸有人在燕昭王前搬弄是非了，說樂毅遲遲不攻即墨，是想收買齊國民心，自己要當齊王。昭王深信樂毅的忠貞，嚴厲斥責了那個挑撥離間的大臣，但是不多久，昭王死了，他的兒子惠王即位。

　　田單看準了這個機會，派人到燕國去散布謠言，說樂毅的壞話——說樂毅打算利用新王即位之時自稱齊

王，就怕新王撤他的職。現在要是燕國另派一員大將來，一定能攻下即墨。

燕惠王果然中了計，他把樂毅召回國，下令叫大夫騎劫去當上將軍。田單聽説樂毅被撤了職，就準備要反攻了。

他先派人到燕軍中去散布流言，説什麼即墨人最怕燕軍割了他們被俘士兵的鼻子，燕軍這樣做就會嚇破他們的膽；又説即墨人擔心燕軍挖他們祖先的墓地，一旦祖墳被掘，他們將無心打仗。騎劫正發愁無法攻破即墨城，一聽這話就下令割掉齊國俘虜的鼻子，把他們拉到陣前去示眾；又把城外的墓地都刨開，劈棺燒屍。即墨百姓見了恨得咬牙切齒，摩拳擦掌地要殺出城去報仇。

田單又派使者出城去見騎劫將軍，謊説城裏快要糧盡彈絕，田單想率眾投降。又派些人扮作有錢人，拿些金銀財寶賄賂燕軍的將士，希望燕軍在攻破城後保護他們的家庭安全。燕軍信以為真，鬆懈了鬥志，就等着受降了。

與此同時，田單積極作反攻的準備。他挑選一千多頭牛，每頭牛身上披着一張花紋古怪顏色鮮艷的被

子，牛犄角①上都捆上一對鋒利的尖刀，尾巴上綁着一束浸透了油的蘆葦。又精選了五千名**敢死隊**②員，個個身穿花衣，塗着大花臉，手執兵器跟在牛後面。到了預定「投降」的那天，田單下令把城牆挖開幾處，偷偷把牛趕出城去，然後點燃了牛尾巴上的蘆葦。那些牛又驚又跳，向着燕軍兵營猛衝過去，五千壯士跟在後面，老百姓聚在城頭敲鑼打鼓助威。正在熟睡的燕軍被驚醒，朦朧中只見怪人怪獸衝殺過來，嚇得高叫：「天上的怪龍下來了！」紛紛逃命，毫無抵抗之力，他們不是被牛角的利刀戳死，就是被牛踩死。騎劫也在混亂中被齊軍殺死。

齊軍乘勝反攻，收復了被五國佔領的七十多座城池，把敵人全部趕出國土，齊襄王回到國都臨淄，齊國轉危為安。田單臨危不懼，以弱勝強，轉敗為贏，真是一位出色的軍事家。

小知識

① **犄角**：犄，粵音機。北方方言，即獸角，牛犄角即是牛角。

② **敢死隊**：軍隊為完成最艱巨的戰鬥任務，由不怕死的人組成的先鋒隊伍。

11. 愛國詩人屈原

詩人屈原的名字，大家都很熟悉了。每到端午節看划龍船、吃粽子的時候，大家都會想起他，懷念兩千多年前戰國時代的這位偉大的愛國詩人。

人們通常只知道屈原是位大詩人，其實他同時還是一位傑出的政治家和思想家。

屈原名平，「原」是他的字，戰國末期楚國人。大約生於公元前340年，死於公元前278年，他出身貴族，從小受到很好的文化教育，二十多歲時就很有學問，尤善於做詩寫文章，口才也好，因此受到楚懷王的重用，年紀輕輕就當了楚國的**左徒**[1]，經常同楚懷王一起研究政事，制定法令，接待各國使節等，深得懷王信任。

當時的楚國，正處於由盛到衰的時期。雖然楚國

小知識

①**左徒**：楚國的一種官名，是可以參與國家內政外交等重任的大官。

疆域廣大，軍隊不少，但常常受到強秦的欺負。屈原不僅想使楚國強盛起來，還想由楚國來完成統一全中國的歷史使命。他的具體主張是要任用賢人，立法富國，削弱貴族特權，減輕人民負擔；對外要聯合齊、魏、趙各國共同抗秦，進而統一中國。這些主張是符合楚國國情和切實可行的，公元前318年楚懷王被推舉為六國的縱約長，就是屈原外交工作的成就。

屈原的政治主張雖然受到人民的歡迎，但卻觸怒了那些守舊腐敗的貴族，一來他們的本身利益受到了損害，二來他們又嫉妒屈原的受寵，便常在楚懷王面前說屈原的壞話，明裏暗裏和他作對。

有一次屈原正在起草一份重要法令，**上官大夫**①靳尚走過去想看，卻遭到屈原拒絕。靳尚惱羞成怒，跑到楚懷王那裏造謠說：「你叫屈原起草法令，他驕傲得到處對人說除了他以外誰也幹不了；又說大王昏庸無能，大臣們貪婪自私，朝廷的事沒有他就不行了！」懷王聽了十分生氣，漸漸疏遠屈原，後來又把他降職為**三閭大夫**②，管些無關緊要的事。

秦國派張儀來破壞合縱，詐稱以六百里土地作代價，換取楚國同齊國斷交，當時屈原看出這是個拆散齊

楚聯盟的陰謀，勸懷王別上當。但懷王不聽，結果受了騙，還得罪了齊國。楚懷王想起還是屈原的聯齊抗秦主張有道理，重又起用他，派他去齊國賠禮道歉，好不容易才恢復了齊楚兩國聯盟。

後來楚國太子在秦國闖了禍，秦國以此為藉口出兵攻楚，佔了一些城市，同時又寫信約楚懷王到秦國的**武關**③進行和談。

懷王沒了主意。不去呢，怕得罪秦國；去呢，實在太危險。他召集大臣們商議。

「大王可千萬去不得！」屈原衝上殿堂大喊。他本無權參加這次會議，但他關心懷王和國家的命運，不顧一切了。他激動地對懷王說：「秦國從來不講信義，我們已經上過幾次當了，這次約你去，肯定又是圈套，千萬不能相信！」

小知識

①**上官大夫**：一說上官是複姓，在此上官大夫靳尚即是上官靳尚，楚國大臣；另一說「上官」是上級官的意思。

②**三閭大夫**：楚國官名，掌管昭、屈、景三姓貴族。

③**武關**：今陝西東南部。

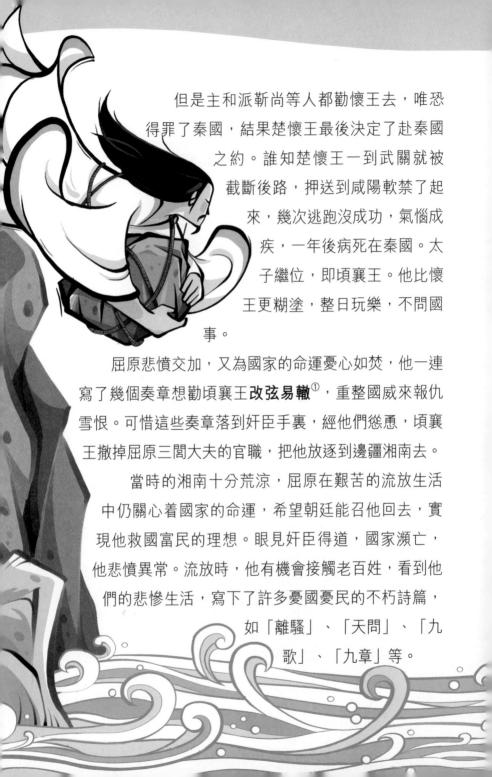

但是主和派靳尚等人都勸懷王去，唯恐得罪了秦國，結果楚懷王最後決定了赴秦國之約。誰知楚懷王一到武關就被截斷後路，押送到咸陽軟禁了起來，幾次逃跑沒成功，氣惱成疾，一年後病死在秦國。太子繼位，即頃襄王。他比懷王更糊塗，整日玩樂，不問國事。

屈原悲憤交加，又為國家的命運憂心如焚，他一連寫了幾個奏章想勸頃襄王**改弦易轍**①，重整國威來報仇雪恨。可惜這些奏章落到奸臣手裏，經他們慫恿，頃襄王撤掉屈原三閭大夫的官職，把他放逐到邊疆湘南去。

當時的湘南十分荒涼，屈原在艱苦的流放生活中仍關心着國家的命運，希望朝廷能召他回去，實現他救國富民的理想。眼見奸臣得道，國家瀕亡，他悲憤異常。流放時，他有機會接觸老百姓，看到他們的悲慘生活，寫下了許多憂國憂民的不朽詩篇，如「離騷」、「天問」、「九歌」、「九章」等。

屈原常在**汨羅江**②邊一邊走，一邊傷心地吟詩。有一次一個漁夫認出了他，問他：「你為什麼不隨波逐流呢？不然，也不會到這地步啊！」

　　屈原回答說：「我情願跳進江心，埋在魚肚裏，也不願和那些奸臣一起糟塌楚國！」

　　公元前278年，秦軍攻打楚國，佔了都城，毀了先王陵墓。屈原不願見到國家淪亡人民受苦，寫下了最後的詩篇「懷沙」，於五月初五抱了塊大石，跳進汨羅江自殺了。

　　百姓們聞訊後趕快劃船來救他，可是已經來不及了。人們悲痛地打撈他的屍體，一直沒找到。人家痛惜屈原，就包了粽子投進江裏餵魚，希望江裏的魚羣吃了

小知識

①**改弦易轍**：意即換上新琴弦、改變行車道路，比喻改變方針、辦法或方向。

②**汨羅江**：在今湖南省東北部，湘江支流。

粽子^①就別去吃屈原的屍體。以後每年的五月初五，人們就划龍船和投粽入江來祭祀屈原。這種悼念活動一年年傳下來就形成了風俗，人們在端午節那天舉行龍舟比賽，家家戶戶包粽吃，寄託了人民對屈原的懷念。

每當端午節來臨，在你吃着香噴噴的粽子的時候，可別忘了這位報國無門、壯志未酬的愛國詩人啊！

屈原在詩歌文學上的成就對後代影響很大。他的前期作品「桔頌」以頌桔樹抒發愛國之情，長詩「離騷」融合現實與想像，氣勢宏偉；「天問」中屈原提出了一百七十二個問題，質疑關於自然現象、社會現象、古代歷史等方面的傳統觀念，體現了當時人們思想上的解放和智慧的發展。他的作品被譯成多國文字，也是世界文學的寶貴遺產。

 小知識

①粽子：一種食品，用竹葉或葦葉把糯米包住，紮成三角錐體或長形，煮熟後食用。

> 一般說農曆五月初五端午節是紀念愛國詩人屈原的節日，其實是否還有其他說法呢？

　　端午節又稱為端陽節、重五節，自古已是一個傳統的民間節日，人們把它與一些歷史人物和事件相連，帶出了很多傳說：

- 紀念伍子胥。伍子胥協助吳王闔閭大敗楚軍，報了國仇和家仇。但後來吳王夫差不聽他停止伐齊的勸告，還賜劍令他自殺，屍體在五月初五被拋入江中，相傳百姓也以端午這個節日來紀念他。

- 春秋越王勾踐曾於五月五日操練水兵，所以後來年年如此舉辦龍舟賽。此事古書上有記載。

- 紀念介子推。他曾大力幫助晉文公復國，事成後他卻躲進深山不肯出來做官。晉文公叫人放火燒山想逼他出來，介子推抱着大樹自盡。傷心的晉文公下令每年五月五日禁火，全國不准生火煮食，所以端午節也稱為寒食日。

- 紀念古代「龍子節」。龍被認為是主宰一切的神靈，古代龍圖騰團族每年在此日舉行祭龍盛典。

- 紀念漢代孝女曹娥。她父親是一名巫師，五月五日那天駕船在江中彈琴唱歌迎接潮神，不幸淹死。14歲的曹娥在江邊哭了七天七夜，投江而死。村民尊她為水神。

12. 藺相如完璧歸趙

還記得嗎？前面講到潦倒時的張儀在楚國相國昭陽的酒宴上，被懷疑偷了和氏璧而被毒打一頓。這塊珍貴的和氏璧究竟是什麼東西呢？後來又到了誰手裏？下面就是關於和氏璧的一段精彩故事。

趙惠文王有個**內侍**①叫繆賢，很有權勢。一天他在家，外面有個人拿了一塊白璧來要賣給他。繆賢見這塊玉光潤可愛，就用五百兩金子買了下來。一個懂行的玉工見了這玉璧大驚，説：「這是真正的和氏璧呀！相傳是一個楚國人在山上費了好幾年功夫才開採到的，是無價之寶。楚相昭陽在宴會上丟失了之後，曾懸賞千兩黃金想買回都沒成功。你要藏好，別輕易給人見到。」

繆賢問這塊玉為什麼那麼珍貴，玉工説：「把它放在暗處，會閃閃發光；不沾塵土，又能辟邪；冬天暖，可以代替暖爐；夏天涼，百步之內蚊蠅不會飛來，是塊奇寶啊！」繆賢便特製了一隻木盒，把它珍藏起來。

小知識
①**內侍**：君王貼身的侍從，也叫近臣。

有人把這事告訴了趙惠文王，惠文王向繆賢要這塊璧，繆賢不肯給。趙王很生氣，派人搜他的家，把和氏璧收了去。繆賢怕趙王會治他罪，想逃去燕國。他的門客藺相如問他：「你怎知燕王會收容你？」繆賢説：「以前我隨大王見燕王時，燕王曾私下表示願和我結交。」藺相如説：「你錯了！因為趙國強燕國弱，你又是趙王的寵臣，所以燕王才那麼説；如今你得罪了趙王再去找他，他一定會把你抓起來後再送回趙國，你就沒命了。不如你快去向趙王叩頭認罪，一定沒事。」繆賢照他的話去做，果然趙王原諒了他。繆賢很佩服藺相如的才智，尊他為上客。

　　秦國聽説趙惠文王得到和氏璧，就派使者帶着國書來見趙王，説願以十五座城來換璧，希望他答允。

　　趙王很為難，召集大臣們來商議。答應的話，只怕被秦騙去璧，城也得不到；不答應呢，又怕得罪秦國。有人建議派一個智勇雙全的人帶着璧去秦國，能得到城池的話就交出璧，不然就把璧帶回來。趙王覺得這個辦法很好。可是，派誰去呢？趙王望望他的愛將廉頗，但是廉頗低頭不語。繆賢就推薦自己的門客藺相如，説他有勇有謀，叫他去最合適了。

惠文王把藺相如找來，問道：「秦王要以十五座城換和氏璧，你認為應該答允嗎？」

　　藺相如說：「秦國強趙國弱，不能不答允。」

　　趙王問：「要是送出了璧，卻得不到城，怎麼辦呢？」

　　藺相如回答說：「秦國用十五座城換璧，價出得很高。趙國不答允，是趙國的不對，秦拿了璧不給城，是秦國的錯。」

　　趙王說：「我要找一個人出使秦國，保護這塊璧，先生能為我跑一次嗎？」

　　相如說：「我願意。假如秦國給了城，我就把璧留在秦國；不然，我就把璧完整無缺地帶回來。」趙王聽了很高興，立即拜他為大夫。

　　藺相如帶了和氏璧來到咸陽，秦王得意地召集了大臣們一起在宮裏接見他。

　　相如兩手捧着和氏璧，恭恭敬敬地獻上去。秦王接過一看，只見和氏璧潔白無瑕，寶光閃爍，真是罕見的寶貝。秦王翻來覆去地欣賞了好久，又傳給左右的大臣們看，大臣們看後都嘖嘖稱奇，高呼「萬歲！」秦王又命令侍從把和氏璧傳給後宮美女觀看，過了很久才送

回來放在秦王面前。藺相如被冷落在一旁，沒人理會他，秦王也不提起換城的事。他便走上前去說：「大王，玉璧上有一點瑕疵，讓我指給您看。」秦王信以為真，命侍從把和氏璧交給他。

　　藺相如一拿到璧就往後退了幾步，靠着柱子，圓睜雙眼，怒氣沖沖地對秦王說：「和氏璧是天下稀寶，大王願以十五座城市來換，趙國很多大臣以為秦國仗着它強大只是空口說說而已，不同意送璧來。我認為平民百姓都要講信義，何況秦王這樣大國的君主呢。所以趙王才讓我把玉送來。可是今天大王接見我的態度十分傲慢，拿到璧後又隨便傳看。

看來大王根本沒有拿城來換玉的誠意，所以我把它要了回來。大王要是逼我的話，我寧可自己的頭和玉璧一起在這根柱子上撞得粉碎，寧死也不讓秦國得到它！」說着，舉起玉璧就要摔。

秦王捨不得玉璧，連忙賠笑臉說：「請別這樣，我怎敢對貴國不講信用呢？」他叫人拿來地圖，把要換璧的十五座城指給藺相如看。

藺相如不相信他。於是說：「我們趙王在送璧前，整整齋戒了五天，還舉行了隆重的送璧儀式。大王也應該這樣，齋戒五日，舉行受璧儀式，我才敢把璧獻上。」秦王知道不能硬奪，就答應了。

藺相如帶着玉璧回到賓館，心想：「我曾答應趙王，假如秦王不給城，我就一定完璧歸趙。萬一秦王收了玉璧後真的不給城，我也拿他沒辦法！」於是，他叫一名隨從化裝成貧民，把玉璧包好纏在腰間，抄小路偷偷回趙國去了。

五天以後，秦王召集大臣和各國在秦的使節一起來參加接受和氏璧的儀式，想藉此顯顯自己的威風。秦王見藺相如兩手空空走上前來，便問道：「我已齋戒五日，準備恭恭敬敬地受璧，你怎麼不把玉璧帶來啊？」

藺相如回答説：「秦國自穆公以來，沒有一個講信用的。我擔心再受大王的騙，對不起趙王，所以差人把玉璧送回趙國去了。請大王治罪吧。」

秦王大怒：「你這明明是在耍弄我！來人，把他綁起來！」藺相如面不改色，不慌不忙地説：「大王息怒，聽我講完。今天的形勢是秦強趙弱，只有強國欺負弱國，沒有弱國欺負強國的道理。大王真想得到和氏璧的話，請先割十五座城給趙，派一名使者跟我一起去取璧。趙國得了十五座城，還敢不給大王玉璧嗎？我知道自己欺騙了大王，罪該萬死，我已不準備活着回去了。請殺了我吧，讓各國都知道秦王為了想得到一塊玉璧而殺了趙國的使者，是非曲直在哪一邊就清楚了。」

藺相如説得振振有辭，大臣們聽得目瞪口呆，各國使者都替藺相如捏一把汗。秦王不好翻臉，説：「算了，就是殺了你也得不到璧，何必傷了兩家的和氣。」就以禮相待送他回國。結果，秦國再也不提以城換璧的事。英勇機智的藺相如不辱使命，完璧歸趙，歷史上傳為美談。

13. 將相和

　　中國的京劇劇目裏，有一齣很有名的戲，叫做「將相和」，意思是將軍和相國和好。這「將」和「相」指的就是戰國時代趙國的廉頗和藺相如。

　　藺相如完璧歸趙，得到了全國上下一致的稱讚，趙王也更信任他，拜他為上大夫。

　　秦襄王當然嚥不下這口氣，他一心要使趙國屈服，接連侵犯趙國邊境，佔了幾座城市。公元前279年，秦王派使者邀請趙王到澠池相會，表面上說是為了兩國修好，實際上是想要挾趙王，逼趙國歸降。

　　趙王接到邀請後很是害怕，知道此行凶多吉少，不敢赴約。藺相如和大將軍廉頗商量後，認為假如趙王不去，倒顯出趙國懦弱和膽怯，應該去。於是決定廉頗留守國內輔助太子，藺相如陪趙王帶精兵五千去赴會；平原君趙勝率幾萬人馬駐在三十里以外接應。

　　廉頗還不放心，送趙王出境時，對趙王說：「大王此次去秦，吉凶難測。估計三十日以內應該完事，假如三十日之後大王還沒回來，能不能立太子為國君？好讓秦國死了心。」趙王答允了。

趙惠文王和秦昭襄王在澠池相會。在筵席上，兩國國君以禮相見，一起喝酒。秦王喝到半醉時對趙王說：「聽說趙王很懂音樂，我這裏有個寶瑟[①]，請趙王給我們彈一段助助興。」

趙王聽了，面紅耳赤，可是他不敢推辭，只好彈了一曲。彈完後，秦王大為稱讚，命令**御史**[②]立刻記下這件事。御史寫好後高聲宣讀：「某年某月某日，秦王和趙王在澠池相會，令趙王彈瑟。」

趙王氣得臉色都變了。這不是明擺着把趙王當作臣子嗎？他忍着沒有發作。這時，藺相如忍受不了秦王對趙國的侮辱，他拿起一隻**瓦缶**[③]，跑到秦王面前跪着說：「趙王聽說秦王擅長秦國音樂，這裏有個瓦缶，請秦王敲個曲子吧！」

小知識

①**瑟**：撥弦樂器，春秋時已流行。形似琴，通常有二十五弦，每弦有一柱，各弦的粗細不同。常與琴或笙合奏。

②**御史**：在君王左右的史官，掌管祭祀和記事等。

③**瓦缶**：陶土燒製成的一種瓦器，大肚小口，可以打擊配樂。

秦王一聽很生氣，扭過頭去不理他。藺相如把瓦缶遞過去，秦王不敲。藺相如高舉瓦缶怒氣沖沖地說：「大王別恃著秦國強大而欺侮人。就在這五步之內，我的頸血可以飛濺到大王身上！」

　　秦王的侍衛都拔出刀來，但是藺相如怒睜雙眼叱退了他們。秦王雖不願意，但又怕藺相如，只好拿起一根筷子勉強敲了一下瓦缶。這時藺相如才站起身，回頭吩咐趙國的史官把這件事記錄下來：「某年某月某日，趙王和秦王相會於澠池，命秦王敲瓦缶。」

　　秦國的臣子們很不服氣，有人站起來嚷道：「請趙王割讓十五座城給秦王祝壽！」

　　藺相如也馬上站起來對秦王說：「禮尚往來，請秦王用國都咸陽為趙王祝壽！」

　　秦王拿他沒辦法，就說：「我們兩國國君和好，諸君不必多說。」宴會就不歡而散。

　　秦王的大臣們主張把趙王和藺相如留下來。秦王聽探子說，趙國的幾萬大軍駐紮在附近，隨時準備打過來，便不想把事情鬧大，反而和趙王訂了約，說好互不侵犯。澠池之會總算圓滿結束。

　　回國以後，趙王在眾大臣面前說：「我有了藺相

如，自身安全有了保障，國家也穩如泰山。藺相如的功勞最大，別的大臣都比不上。」就拜藺相如為相國，地位在廉頗之上。

這下可惹惱了廉頗，他回到家裏，怒容滿面地對自己的門客發牢騷：「我是趙國的大將，拚着命為趙國打仗，攻城奪地，出生入死，立下了多少功勞！藺相如只是一個宦官手下的門客，出身低微，就憑他一張嘴，現在竟爬到我的頭上來了！有朝一日見到他，一定要給他點顏色看看！」

這些話傳到了藺相如的耳裏，他就設法避開廉頗。該**上朝**①的時候，他託病不去上朝；就是有公事，也不同廉頗見面，不想和廉頗排地位高低。手下的門客都議論紛紛，以為他膽小。

一天，藺相如坐車出門，遠遠地看見廉頗的車馬從對面過來了，他就吩咐車夫把車退避到附近的小巷裏去，等廉頗的車過去後才出來。門客們氣壞了，大家約好了一起去見藺相如，對他說：「我們遠離家鄉和親人，前來投靠您，是因為仰慕您的高尚品德和大丈夫氣概。如今您地位在廉將軍之上，卻處處躲着他避着他，他口出惡言您就怕了。我們為您感到羞恥，只好向您告辭回家了！」

藺相如説：「我之所以避開廉將軍，是有原因的！」

大家要他説出來聽聽。

藺相如問：「你們看廉將軍和秦王哪個厲害？」

「當然是廉將軍不如秦王。」

相如説：「對呀！以秦國的威力，天下諸侯沒有一個不怕秦王的，而我相如為了國家，敢於當面斥責他。我怎麼會單單怕一個廉將軍呢？但是諸位要知道，強大的秦國之所以不敢來攻打我們趙國，是因為有我們這兩個文官武將的緣故。假如我們兩人不和，好比兩虎相鬥，准會兩敗俱傷，秦國知道後就一定會趁機來犯。因此我寧願忍氣吞聲避開他，是以國家為重，不計較私人之間的恩怨啊！」

眾門客聽了都很感動，他們的氣消了，也更敬佩藺相如了。

這事傳到了廉頗耳裏，使他非常慚愧。他歎道：「藺相如品格高尚，我比他差遠了！」

小知識

①**上朝**：臣子到朝廷上拜見君主奏事議事。

於是他光裸着上身，表示自認有罪，再在背脊綁上荊條，親自跑到藺相如家去請罪。他對相如説：「我是一個氣量狹窄的粗人，不知道相國如此寬宏大量，實在對不起您啊！」他跪在地上，久久不肯起身。

藺相如連忙把他攙扶起來説：「我們兩人都是國家的大臣，一起為國為民出力。將軍能體諒我，我已很感激了，哪裏還要您道歉呢！」

廉頗羞愧得痛哭流涕，藺相如也激動得哭了起來。從此兩人結為生死之交，齊心協力為國家出力，一文一武協助趙王管好國家，所以在一段長時間內秦國不敢侵犯趙國。後人稱頌藺相如以大局為重，不計較個人得失的氣度以及廉頗知錯即改的精神，編寫了很多故事和戲劇，「將相和」的事跡傳頌千秋。

在兩次的外交活動中，藺相如面對強勢的秦王隨時都可能丟了性命，但他毫不懼怕，他怎能做到？給我們什麼啟示？

因為藺相如完全掌握了「有理、有利、有節」的原則——

有理：秦王想用虛假的承諾來騙取和氏璧，是無理的；藺相如堅持要先得到城市再送上玉璧，是合理的。秦王令趙王彈瑟助興，是無禮的要求，也是無理的；藺相如作出同樣的要求，是合理的，因此藺相如始終是站在有理的一邊。

有利：和氏璧在藺相如手中，他發誓與玉璧同歸於盡，秦王奈何他不得；澠池見面時幾萬趙軍在附近待命，這些都是藺相如與秦王談判的有利條件。

有節：藺相如沒有提出過份的要求，只是按照秦王自己允諾的贈十五城池為條件進行交易；趙王彈瑟之後，藺相如也只是要求秦王打一下瓦缶，這是對等的、有節制的要求，秦王沒理由拒絕。

所以，若是我們處理任何事情時都能做到有理、有利、有節，那就是真理在手，可以無所畏懼，勇往直前。

再說到藺相如如何處理與大將廉頗的關係，他能以國家大局為重，不計較私人恩怨，胸襟坦蕩，虛懷若穀，因此感動了廉頗，兩人攜起手來，團結合作，其利斷金，大大有益了國家。古人的道德與智慧可敬可佩，給予我們多大的啟發啊！

14. 紙上談兵的趙括

人們往往用「紙上談兵」這句成語來形容那些只會誇誇其談，理論不聯繫實際的空談家，你知道它的典故出自哪裏嗎？

那是公元前270年的事。秦國眼見北方的趙國一天天強大，幾乎與自己勢均力敵，覺得不能容忍，便聯合韓國向趙進攻。

趙王派了精通戰略的軍事家趙奢迎戰，趙奢大破秦軍於**閼與**①一地，使秦國遭受了一次前所未有的挫折，為趙國立了大功，被惠文王封為馬服君。

趙奢有個兒子叫趙括，自少年時代起就熟讀兵書，而且善言巧辯，談起兵法來頭頭是道，連他父親也駁不倒他。他就洋洋自得，以為自己是天下無敵，連父親也不放在眼裏。

趙奢很了解自己的兒子，他並不認為趙括具有指揮戰爭的才能。他對趙括的母親說：「戰爭是關係着國家命運的大事，必須以極為嚴肅和認真謹慎的態度去對待，而趙括卻把它看得輕而易舉，這就一定會壞事的！」他在病重去世前特別關照妻子，以後一定不能讓

趙括帶兵去打仗。

　　秦國採取「遠交近攻」的戰略，往南破楚，向東攻韓，公元前260年派大軍政打趙國，趙國由大將廉頗迎戰。秦、趙兩軍在**上黨**②、**長平**③之間展開了戰國時代前所未有的大戰，兩軍在戰場上對峙了三個年頭，不分勝負。秦王加派了大將白起到前線去對付廉頗，但也毫無起色。

　　於是秦國採用反間計，派間諜攜帶重金去賄賂趙國的大臣，散布流言說：廉頗畏戰，所以打了幾年還打不贏。要是讓馬服君的兒子趙括帶兵，秦軍肯定無招架之力。

　　這時趙惠文王已死，在位的是趙孝成王，他早已不滿廉頗的堅守政策，又聽信了流言，所以馬上撤換廉頗，召見趙括，想叫他去帶兵。

　　趙括是個華而不實的人，他在趙王面前指手劃腳，把自己說成很有本事的人，趙王就任命他為統帥。

小知識
①**閼與**：今河北省武安縣西。
②**上黨**：今山西長治。
③**長平**：今山西省高平縣西北。

　　趙括的母親聽到這消息後，急忙去對趙王
說：「請大王不要讓趙括作將軍，他沒有實際經
驗，只會空談，和他父親完全不同。大王如果用了他，
只怕趙軍會斷送在他手裏。」

　　趙王說：「我已經決定了，你就別管吧。」

　　趙括母親說：「既然如此，將來趙括若是有了不
稱職的地方，請不要誅連九族。」

　　趙王答允了。於是趙括率領二十萬軍隊到長平，

另外又接收了廉頗指揮的二十萬軍隊，以為有此四十萬大軍上陣一定會打勝仗。他改變了廉頗堅守的戰略，採用正面的大舉進攻。

白起見趙王中計，心中暗喜，知道勝利已有把握。他佯作敗退，誘趙軍深入到秦軍埋伏圈，趙括正在得意之際，忽然被秦軍包圍，糧道也被切斷。趙軍被秦軍分割成一段段，分段包圍和殲滅。趙括見形勢不利，就築起堡壘固守，守了四十六天，彈盡糧絕，突圍不出。最後，趙括親自率領精兵五千名搏殺出去，被秦軍亂箭射死，趙軍失去主將，軍心大亂，紛紛向秦國投降。

白起怕投降的趙軍以後會尋機造反，留下他們後患無窮，便起了殺心。當即繳了他們的武器，賞賜酒食叫他們大吃大喝一頓。半夜裏，正當士兵們倒頭呼呼大睡之時，白起命令二十萬秦軍衝入趙營，一個殺兩個，把幾十萬趙軍殺得屍如山積，血流成河。僅釋放了二百四十個年幼的士兵回國。

這是歷史上著名的長平戰役。趙括只知道背誦兵書上的教條，空談軍事理論，毫無實際經驗，不懂隨機應變，結果斷送了四十萬大軍和自己的性命，使趙國元氣大傷。

15. 毛遂是怎樣自薦的？

假如你們班級推選班長，你覺得自己有能力，可以做好這項工作，也很想通過這工作為同學們服務，那麼，你會不會主動站出來說：「我想我可以做，請推選我吧！」哈，自己推薦自己？很多人一定會擺手搖頭說：羞死人了，不幹，不幹！但是你知道嗎？早在兩千多年前的趙國，就有個叫毛遂的人，為我們開創了自薦的先例了！

秦趙兩國長平之戰以後，秦軍乘勝追擊，第二年又分三路攻打趙國，佔領了很多地方，最後包圍了趙都邯鄲。趙國人痛恨秦軍的暴行，堅持抗戰，秦軍攻了一年多也未攻下，便調派了更多軍隊來。大軍壓境，糧草日益減少，形勢危急。趙孝成王把平原君找來，商量去各國求援的事。

平原君叫趙勝，是孝成王的叔叔，他手下也養了三千名門客，事事為他出謀劃策。平原君認為楚國是個大國，舉足輕重，必須爭取它的支援。但楚國離得遠，楚王又怕秦王，不一定肯為趙國出兵。平原君決心親自上楚國去，與楚王談判聯合抗秦的事。他打算在門客中

挑二十名文武全才的人跟他一起去，但是挑來挑去，只選上了十九名，其餘的都看不中。

正在着急的時候，有個叫毛遂的門客走到平原君面前說：「公子，把我也算上吧！」

平原君不認識他，便問他：「你來了幾年了？」

「三年。」毛遂答道。

平原君冷笑說：「有才能的人就像是放在布袋裏的錐子，那鋒利的錐尖立刻會冒出來。你來了三年，沒聽說你有什麼才能啊。」

毛遂鎮靜地說：「那是因為你沒把我放進布袋，你早如此做的話，我早就**脫穎而出**①了。」

平原君賞識他的口才和勇氣，就讓他湊上二十人的數，辭別趙王，到楚國去了。

平原君和楚王在大殿上會談，毛遂等二十個隨從在殿外等候。楚王對「合縱抗秦」缺乏信心，說：「貴國曾發起六國合縱，結果不歡而散；先王懷王做過縱

小知識

①**脫穎而出**：比喻人的才能全部顯示出來。穎，本是指錐子柄上套的環。

約長，後來慘死在秦國；齊湣王也做過縱約長，卻招來各國圍攻。別再説什麼合縱吧！如今秦國對各國虎視眈眈，我們自己都顧不了，哪有能力來支援你們啊！」

平原君力陳合縱的好處，説趙軍已堅守一年多，如果各國也配合對付秦，就可以退秦軍。但楚王總是東推西推，不肯派兵。

門客們在殿外等得不耐煩了。這時，只見毛遂手按寶劍，**大步流星**①地衝進殿堂，高聲嚷道：「合縱抗秦的道理，三言兩語就能講清了，你們為什麼從早上説到中午還定不下來呀？」

楚王見這個陌生人説話這樣不客氣，生氣地問平原君：「這是什麼人？」

平原君説：「這是我的門客毛遂。」

楚王更不把他放在眼裏了，怒聲對毛遂罵道：「我跟你主人議事，你上來幹什麼？快下去！」

毛遂雙目圓睜，手按着劍跨前一步説：「合縱抗秦是天下大事，天下人都可議論。大王您別仗勢欺人，您的衛士救不了您，您和我只相距十步遠，您的性命在我手裏！」

楚王見他來勢洶洶，嚇得膽戰心驚，就放軟口氣

說：「那你有什麼高見，請說吧！」

毛遂侃侃而談：「楚國有土地五千里，精兵百萬，應該可以稱霸天下，可是秦國只幾萬人馬就把楚軍打得七零八落，你們丟了國都，祖先陵墓也被毀了。這奇恥大辱連我們趙國也為你們感到羞恥，大王不想報仇雪恨嗎？今天我們主人來跟大王商議聯合抗秦，不只是為了趙國，也是為楚國呀，大王怎麼推諉起來呢？」

毛遂的話使楚王無地自容，他連連點頭稱是，心中也有所醒悟，毛遂便緊緊追問道：「那麼，聯合抗秦的事，能不能定下來？」

「定了，就這麼辦吧。」楚王下定決心說。

毛遂就回頭讓人拿來盛着雞血、狗血和馬血的銅盆，他跪着把銅盆舉到楚王面前：「大王是縱約長，請您先**歃血**②。」

小知識

①**大步流星**：形容腳步邁得大，走得快。

②**歃血**：歃，粵音霎，把牲畜的血塗在嘴上，表示誠意，是古代訂立盟約時的一種儀式。

楚王歃血後，平原君和毛遂也當場歃了血，發了誓。抗秦救趙符合當時楚國的利益，楚王終於同意出兵援趙，趙楚兩國訂立了抗秦盟約。

　　這時候，邯鄲城在秦軍的圍攻下，更加危急了。平原君回國以後徵集了三千名敢死隊，夜襲秦營，使秦軍後退了三十里。後來楚國、魏國的援兵趕來，三國軍隊內外夾攻，秦軍腹背受敵，大敗而去，邯鄲解了圍，秦國東進的策略受挫。

　　平原君非常佩服毛遂的膽略，想起自己以前忽略了他，感到很過意不去。平原君感慨地說：「毛先生三寸之舌，比百萬雄師還厲害！我一向自以為很了解人，很善於用人，這次卻差點失去了毛先生。」從此敬他為上客。

　　毛遂在別人不了解他的才能的情況下，自己推薦自己，勇敢地去完成了重大的使命。後人就把這種敢於自己站出來承擔重任的舉動比喻為「毛遂自薦」。記住，你也要有毛遂的這種勇氣和膽識啊！在需要你的時候，勇敢地站出來說一聲：「讓我來！」

16. 信陵君竊符救趙

上面説到趙國國都邯鄲受秦軍包圍的時候，形勢危急，後來虧得楚，魏兩國出兵援助，才合力打退秦軍，扭轉局勢。楚軍八萬是平原君和毛遂説服楚王派出的，但是魏國的安僖王卻一點不知道出動了八萬魏軍這件事。這究竟是怎麼一回事呢？

原來，平原君的夫人是魏國公子信陵君的姐姐，所以平原君在去楚國求援之前，分別給魏王和信陵君都寫了信，請他們派兵救援。

魏安僖王派大將晉鄙率領十萬軍隊去求援。秦國知道了之後，就派使臣來魏國威脅魏王説：「攻下邯鄲只是早晚的事，誰敢救趙，秦國就先調兵來打誰！」魏王怕秦來打，火速命令晉鄙駐軍在湯陰地區，先按兵不動。

平原君見魏軍不進攻，就寫信去責備信陵君：「我一向佩服公子能急人之難，見義勇為，兩家才結為親戚。如今邯鄲告急，請看在你姐姐的情份上，立刻發兵！」

信陵君看信後立即去見魏王，陳述利害，勸魏王

快出兵。但是魏王始終下不了決心。信陵君就決定與趙國共存亡，他組織了一千多名能戰鬥的門客，又湊了一百輛戰車，打算孤軍救趙。

隊伍經過城門時，信陵君去向一位叫侯嬴的老門客告別。侯嬴已經七十多歲了，家裏很窮，但是品德高尚，足智多謀，平日信陵君很尊重他，有什麼事都會去和他商量。這次信陵君帶了門客要去和秦軍拚，臨走就想聽聽他的意見。沒想到侯嬴一反常態，只是冷冷地說了聲：「公子保重，我年老體衰，不能同去。」

信陵君出了城門後，心中一直在嘀咕：這位老先生今天是怎麼回事？平時我待他不錯，今天我冒死救趙，他竟一句好話也沒有？

他越想越不對頭，索性掉轉車頭回城去，要找侯嬴問個明白。沒想到侯老先生正在門口等着他：說：「我知道你準會回來找我的。」

信陵君說：「是呀，您知道我的心思，那麼，對抗秦這件大事，您有何指教呢？」

侯嬴把他領到內室密談。侯嬴說：「你以這麼一點兵力去打秦，豈不是用肉餵老虎？不但救不了趙國，自己反白白送死。還是應該想辦法用晉鄙手裏的十萬大軍！」

信陵君愁眉苦臉地説：「可魏王就是不肯出兵呀！」

侯嬴説：「要用這十萬兵，僅一個人可以幫得上忙——大王的愛妃如姬！」

信陵君還是不明白：「這話怎麼講？」

侯嬴説：「聽説調兵的**虎符**①就藏在大王臥室裏，只有如姬才能把它拿到手。別忘了，如姬對你是感恩戴德的呀！」

這話提醒了信陵君。三年前，如姬的父親被人殺害，如姬請魏王捉拿兇手為她報仇，但是找了三年都沒找到。後來，信陵君叫門客捉到了那仇人，殺了把頭獻給如姬。如姬對信陵君非常感激，一直説要重重報答他。

信陵君問：「您的意思是讓如姬去⋯⋯」

侯嬴説：「事到如今，也沒有別的辦法了。只好

小知識

①**虎符**：古時候國君授給大將兵權和調動軍隊的憑證，一般是用銅鑄成老虎的形狀，分成兩半，一半留在國君手裏，一半交給帶兵的大將。國君要調動軍隊派使者拿半邊虎符去傳令，兩半邊虎符能合在一起命令才生效。也稱兵符。

請她去偷那一半虎符，才能調動大軍。」

信陵君還下不了決心：「要是晉鄙見到虎符**不買帳**①，還是不肯出兵，那怎麼辦？」

侯嬴說：「我早就考慮到這點，所以要向公子推薦一個人，他叫朱亥，是魏國數一數二的大力士，公子把他帶去。晉鄙聽從調遣就好，不然就讓朱亥對付他。」

軍情緊迫，又沒有別的好方法，信陵君覺得也只有這樣做。他馬上派人去跟如姬商量，如姬一口答應，當天午夜乘魏王熟睡時，她就把那一半虎符偷了出來。信陵君拿到虎符後，帶上朱亥，連夜趕去調兵。

信陵君來到魏軍駐地，拿出虎符假傳魏王命令，要晉鄙交出兵權。晉鄙核對虎符沒錯，但仍有些懷疑，說：「這樣的軍機大事，我還要奏明大王才可照辦⋯⋯」

他還沒說完，一旁的朱亥大吼一聲：「將軍不遵王命，就是反叛！」說着從袖子裏抽出一個四十斤重的**鐵錘**②，向晉鄙劈頭劈腦砸去，晉鄙立即倒地不起。

信陵君高舉虎符向部隊宣布接管指揮權，並命令：父子都在軍中的，父親可以回去；兄弟都在軍中的，哥哥可以回去；獨生子參軍的，也可以回家照顧父

母，其餘人一起去救趙抗秦。

這樣，十萬軍隊留下了八萬精兵，隨信陵君向邯鄲出發。秦軍想不到魏兵會從背後突然殺來，倉促應戰，邊戰邊退，此時，平原君從邯鄲城裏殺出來，兩下夾攻，打得秦軍大敗。兩萬秦軍被圍，投降了。這是公元前257年的事。

魏王知道了信陵君竊符救趙，又殺死大將晉鄙的事，十分惱怒，把如姬打入**冷宮**③。後來見魏軍打了勝仗，凱旋而歸，這才轉怒為喜。

信陵君知道魏王對他不滿，就留在趙國不敢回去。十年後，公元前247年，秦國軍隊分兩路攻魏，魏軍接連吃敗仗，魏王只好下令赦免信陵君的罪，派使臣去趙國接他回魏當相國。趙王派十萬軍隊交信陵君去救魏，信陵君又求得燕韓楚三國援魏，五國兵馬把秦軍趕到函谷關以西的地方。

小知識

①**不買帳**：不承認對方的長處或力量。

②**鐵錘**：一種古代兵器，柄的上頭有一個鐵製的圓球，也叫鎚。

③**冷宮**：君主安置失寵后妃的地方，現用以比喻存放不用的東西的地方。

17. 商人成了相國

我們知道，商人為了獲得利潤，總是找一些能賺錢的貨品來做生意的。戰國末年有一個大商人眼光獨到，竟然把一位落泊王室子弟看為「**奇貨可居**①」，不惜以重金投資，日後果然獲得厚報。

大商人呂不韋是衛國人，因為經商，常在各國之間走動。一次呂不韋到趙國首都邯鄲去做買賣，見到了在那裏被抵押作**質子**②的子楚。子楚是秦昭王二十多個孫子中的一個，生母並不受寵愛，所以他在王室中的地位也很低。當時秦國常出兵攻趙，所以趙國對質子子楚十分冷淡，子楚的生活條件很差，甚至連最起碼的貴族排場也維持不下去了。

呂不韋見到子楚的困難處境後心中一動，他那商人的頭腦立刻盤算起來，他覺得子楚是棵可以使他賺錢的**搖錢樹**③，他通過子楚可以發一筆財，而且還可得到政治地位。

呂不韋回到家裏問父親：「您知道耕田可以賺到多少利潤嗎？」

父親回答說：「收成好的話，可以有十倍的利潤。」

呂不韋又問：「販賣珠寶能賺多少呢？」

他父親回答說：「碰得巧可以賺到一百倍。」

呂不韋又接著問：「如果擁立一個國君，可以得到多少好處呢？」

父親回答說：「若是能幫助一個國君取得天下，那好處就多得難以計算了。」

呂不韋說：「現在就有這麼一個機會，我想去碰碰運氣。弄成功了的話，不光是我這輩子，連子孫後代都能享盡榮華富貴。」

於是呂不韋就去找子楚，對他說：「你是秦國的王孫，可是你目前的處境太差了。我倒有個辦法幫你脫離困境！」

小知識

①**奇貨可居**：指商人把珍貴稀有的貨物囤積起來，等待高價出售。

②**質子**：古時兩國之間為表示和好，互相交換王子王孫作抵押，被抵押在他國的人叫質子，即人質。

③**搖錢樹**：神話中的一種寶樹，一搖晃就有許多錢落下來，後來多用來比喻藉以獲取錢財的人或物。

子楚是個聰明人，當然懂得這位大商人的心思。可是目前他的確要人幫助，便請呂不韋坐下具體商量該怎麼做。

呂不韋為子楚分析了形勢，子楚的祖父秦昭王已年老體衰，把子楚的父親安國君立為太子，將是王位的繼承人。安國君最寵愛華陽夫人，但華陽夫人不能生育。安國君有二十多個孩子，他即位後會把最大的男孩立為太子，輪不到子楚。

這話正說到子楚的心病上，他就問：「先生有什麼辦法讓我取得做太子的機會呢？」

呂不韋說：「我可以拿出一筆錢來到秦國去活動活動，請安國君和華陽夫人確認你作繼承人。」

子楚聽了很高興，答允將來事成後和呂不韋共同享有秦國天下。

於是呂不韋拿出一千兩金子，五百兩給子楚作交際用，用另外五百兩買了許多珍寶，呂不韋親自帶去秦國活動。

他通過華陽夫人的姐姐，把珍貴的禮品轉交給華陽夫人，說那是子楚託他帶來的，又說子楚如何如何好，在趙國又是如何如何想念安國君和華陽夫人等等。

華陽夫人收到重禮很高興。她姐姐乘勢又勸説道：「你現在年輕美麗，所以受到安國君寵愛，但是老了以後怎麼辦？應該趁早認一個兒子，確定為安國君的繼承人，你這一輩子就不用愁了。子楚這樣孝順，不如認了他。」

華陽夫人覺得這話有道理，便找個機會對安國君説了這事，安國君對她一向言聽計從，就滿口答允，還叫人刻了一塊玉牌交給子楚作為憑證，並聘請呂不韋作子楚的師傅。

呂不韋達到了目的，滿心喜歡回到趙國去告訴子楚。他又把自己一個愛妾送給子楚作妻子。第二年子楚的妻子生了個男孩，叫嬴政，就是日後消滅六國統一中國的秦始皇。

嬴政九歲時，秦昭王去世。安國君繼位，即秦孝文王。子楚就以太子的身份帶着嬴政回到了秦國。孝文王在位只有一年就死了，子楚繼承王位，就是秦襄王。他並不食言，請呂不韋作丞相。三年後襄王也死了，於是十三歲的嬴政做了國王，尊呂不韋為相國，朝政大權全在這位商人出身的相國手中。呂不韋的投資果真賺到了大錢！

18. 荊軻刺秦王

秦國雖然在趙國的邯鄲打了一次敗仗，但它的實力仍很雄厚，不斷向東方各國發起進攻。

公元前256年，秦國又出兵攻打韓、趙兩國，大獲全勝。當時有名無實的周王朝見秦勢不可擋，主動向秦獻出領地，周朝統治正式結束，歷時約八百年的周朝就名實俱亡了。

公元前238年，嬴政已經二十一歲了，就開始親自執政。他雄心勃勃，一心想早日一統中原，便大力招攬人才。一些在其他六國沒被重用的人就紛紛來投奔他，其中楚國人李斯當上了秦國的長史，即相國的輔臣；魏國的尉練被任為**國尉**[①]，掌管軍隊。他們都認為秦國已具備了統一六國的條件，只怕六國聯合抗秦，所以建議秦王要不惜重金，去賄賂六國大臣，挑撥六國關係，破壞他們的聯合；與此同時，秦國又採取刀光劍影的軍事行動來逐一消滅六國。

在軍事行動中，秦王嬴政採取集中力量、各個擊破的方針。公元前230年開始攻打離秦最近、勢力最弱的韓國，第二年滅了韓國。公元前228年又滅了趙國，

三年內連滅兩國，為統一中原打下了基礎。

　　秦國大將王翦乘勝把部隊開到燕國邊境，下一個進攻目標就是燕國了。

　　燕國的太子丹以前在秦國當質子，見秦王決心吞併六國，又奪了燕的土地，他就化了裝偷偷跑回燕國。他恨透了秦國，一心想報仇。但他深知弱小的燕不是秦的對手，聯合各國抗秦又太花時間，便把希望寄託在暗殺上。他想派人刺殺秦王，來打擊秦國，保住燕國。

　　從哪兒去找一位合適的刺客呢？經人介紹太子丹結識了一位勇士，叫荊軻。

　　荊軻本是衛國人，愛讀書又精通劍術，很有本事。他在衛國不得志，秦國滅了衛國時，他便來到燕國，結交了一個叫高漸離的朋友，整天喝酒、擊**筑**②、唱歌，抒發亡國之痛和懷才不遇的苦悶。

　　太子丹見荊軻氣宇軒昂，氣度不凡，很是敬佩，

小知識

①國尉：古官名，武官之長。

②筑：一種古樂器，樣子像古箏，由竹、木、弦、銅柱等部分組成，製作工藝水平很高。彈奏時用竹尺擊弦發音。

便向他說出了藏在心中的計謀：「我想派一位勇士充當使者去見秦王，逼他歸還各國的土地，他若是不答應就把他刺死。秦國必會大亂，趁機六國可聯合滅秦。不知先生肯不肯擔此重任？」

荊軻見事關重大，起初不敢答應，後經太子丹一再苦苦懇求，才同意了。但是他說：「要想接近秦王，一定要以重利取得他的信任。秦王一直想得到燕國的**督亢**[①]，我就帶督亢的地圖去，秦將樊于期逃來燕國，秦王用千金重賞捉拿他，假如我再帶上樊于期的頭顱，那秦王一定會高興地接見我。」

太子丹說：「督亢的地圖好辦，但樊將軍走投無路才來投奔我，不忍心殺他，另想辦法吧。」於是太子丹拜荊軻為**上卿**[②]，以厚禮待他。

荊軻背着太子丹去找樊將軍，告訴他刺殺秦王的計劃。樊于期一心想找秦王報仇，苦於沒機會，一聽荊軻的打算和要自己頭顱的意圖，豪爽地說：「好，你拿去吧！」說罷，拔出寶劍自殺了。

太子丹厚葬了樊于期，把他的頭顱放在一個木盒裏，又準備了一把浸透毒液的匕首給荊軻，再派了手下的勇士秦舞陽陪他去秦國。

動身的那天，太子丹和幾個朋友穿上白衣白帽到**易水**③邊送行。荊軻的好友高漸離擊筑，荊軻和着節拍放聲高唱：

　　風蕭蕭兮易水寒，

　　壯士一去兮不復還！

　　歌聲慷慨激昂，送行的人都哭了，場面十分悲壯。

　　秦王聽説燕使帶着貴重的禮物來表示臣服，很是高興，便在咸陽宮隆重接見。

　　荊軻端着盛放樊將軍頭顱的木盒，秦舞陽捧着地圖，一步步走上大殿的台階。秦舞陽見到秦宮衞士的威嚴樣子嚇得臉色發白，渾身哆嗦，引起侍衞的懷疑。荊軻打圓場説：「鄉下來的人沒見過大世面，請大王原諒！」

　　秦王打開水盒，見裏面真的放着樊于期的頭顱，便叫荊軻拿地圖來。荊軻把一卷地圖慢慢打開，展到最

小知識

①**督亢**：今河北省涿縣一帶。

②**上卿**：古官名，國君以下有卿、大夫及士，上卿為卿之首位。

③**易水**：在今河北省易縣。

後，藏在裏面的匕首就顯露出來了。荊軻右手抓起匕首，左手一把揪住秦王的衣袖，用力刺去。秦王驚得跳起來一轉身，袖子掙斷了，他繞着殿中的銅柱逃跑，荊軻緊緊追着他。

按秦國的規矩，沒有秦王命令誰也不准上殿，所以武士們在殿下乾着急。這時御醫急中生智，拿起手裏的藥袋向荊軻擲去，荊軻揮手擋開，秦王趁機拔出腰際的劍向荊軻刺去，砍斷了他的左腿。荊軻倒在血泊中，把匕首扔向秦王，卻沒打中，擊在銅柱上。這時武士們一擁而上，將荊軻刺死；殿下的秦舞陽也早被砍成了肉醬。秦王大怒，命秦軍加緊攻燕，第二年，即公元226年佔了燕都，燕王退到遼東，前222年燕國終被秦滅掉。

19. 秦始皇統一中國

世人常言道：分久必合。自公元前770年起，中原大地上各諸侯分割成小國，相互之間混戰，大吃小，強併弱，總的趨勢是逐步走向統一。戰國七雄之中統一中國的歷史任務終於落在秦國身上。

由秦來統一中國，是有多方面的原因造成的：

第一、秦國地理位置偏西，只有東邊一面受敵，無後顧之憂，而其他六國卻四面受敵。

第二、自春秋後期以來，秦國以晉國為屏障與東部各國隔絕，得到三百多年的**休養生息**①的機會；而其餘六國卻連年征戰，勞民傷財。

第三、歷代秦王善於招攬並使用人才，羅致各國有才學本領之士為本國服務，即所謂「客卿」。這是使秦國強大的一個重要原因。

小知識

①**休養生息**：指在國家大動盪或大變革以後，減輕人民負擔，安定生活，發展生產，恢復元氣。

第四、秦國統治者沒有因循守舊，而是積極改革以求自強。商鞅的兩次變法促使國強民富，為統一事業打下基礎。

公元前226年，秦國在佔燕都之後，揮戈向南攻打魏國，第二年魏國亡。公元前222年以六十萬大兵滅了楚國，並攻佔了趙國最後留下的代城。這樣，只剩下一個地處東面的齊國了。齊國一向不敢得罪秦，還幻想能和秦國和平共處，誰知秦軍滅燕國後直撲齊國首都臨淄，一路勢如破竹，沒幾天就攻破臨淄，滅了齊國。

至此，秦王政二十六年，就是嬴政即位二十六年後，終於完成了消滅六國統一中原的大業，「六王畢，四海一」，結束了春秋戰國五百五十多年的混戰局面，建立起中國歷史上第一個統一的封建大帝國。至今，很多國家的語言中把中國稱為「秦」呢！

秦滅六國時序圖

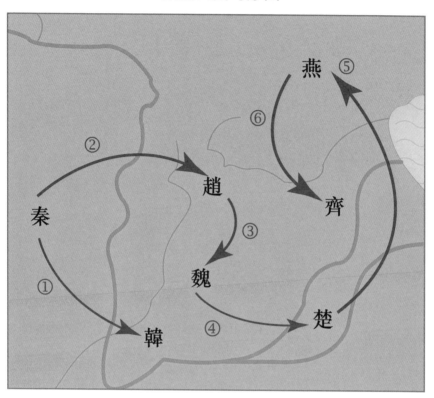

①公元前230年滅韓
②公元前228年滅趙
③公元前225年滅魏
④公元前223年滅楚
⑤公元前222年滅燕
⑥公元前221年滅齊

秦朝從公元前221年到前207年，時間雖短，在中國歷史上卻是一個十分重要的朝代，因為中國封建社會的各種制度都在秦朝初步形成，在政治、經濟、文化上都採取了一系列統一的措施，對後世影響深遠。但是大興土木、苛捐雜稅、頻繁征戰又使百姓無法忍受，因此秦朝只傳了兩代。僅僅十五年後就被農民起義軍推翻。

　　下面我們先看看，歷代各國國君都稱為「王」或「公」，為什麼秦王嬴政在統一中國後稱為秦始皇呢？

　　那是因為秦王統一中國後，覺得自己的功績比上古傳說中的三皇五帝還要大，不能再用傳統的「王」的稱號，把「皇」和「帝」加在一起才顯得更尊貴。他是中國第一個皇帝，所以就叫做始皇帝，以後的子孫就要稱作二世皇帝、三世皇帝。從此中國歷史上就有了「皇帝」這個名稱。

　　這麼大的天下，怎麼治理呢？有的大臣提出把幾個皇子分封到各地去統治。**廷尉**[①]李斯反對，認為這樣如同周天子的分封諸侯，會種下日後戰爭的禍根。秦始皇認為很對，就改為郡縣制，把全國分為三十六個郡，郡以下設縣。每個郡由朝廷直接任命三個長官——**郡守**、**郡尉**和**郡監**[②]。

中央政權機構也逐漸定了型，秦始皇規定中央朝廷裏最高權力集中在皇帝手裏，國家政事不論大小，都由皇帝決定。丞相有左、右兩個，協助皇帝治理國家、處理政務。另有御史大夫掌管重要文件和監察，太尉掌管軍隊，廷尉掌管司法，治粟內史掌管租稅收入和國家財政開支。這些重要官職都由皇帝任免，不世襲。這套中央集權的政治體制對後世影響很大，之後各代的政治體制都以此為基礎。

小知識

①**廷尉**：秦國官名，掌管司法、刑獄之事，為九卿之一。

②**郡守、郡尉和郡監**：郡守是一郡最高的行政長官，郡尉是管理治安的，並統率軍隊；郡監執行監察方面的事。

　　除此以外，在社會生活的很多方面都採取了統一的制度。例如：

　　統一車道。以前六國的車輛大小不一，車道有寬有窄。秦始皇下令一是「車同軌」，規定兩個車輪間距離一律是六尺。二是「治**馳道**①」，從京城咸陽到各大城都修築寬五下**步**②的路面，方便了全國各地之間的交通。

　　統一貨幣。戰國時代各國的商業，很發達，但貨

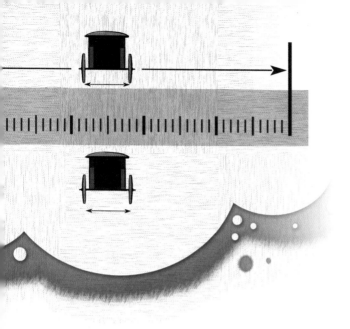

幣的形狀、大小、輕重各不相同。始皇規定一律使用圓形方孔、每個重半兩的銅錢為下幣，黃金鑄的鎰③為上幣。這就大大方便了貿易。

統一度量衡。以前六國用的尺寸、升斗、斤兩等都不一致，始皇下令規定了統一的度量衡制，這樣才有利各地買賣交換及賦稅制度。

小知識

①**馳道**：專供帝王行馳馬車的道路。

②**步**：長度單位，每步有六尺。

③**鎰**：古代重量單位，秦代用以表示黃金的重量。一鎰等於二十兩，一說是二十四兩。

統一文字。以前各國的文字不統一，同一字的寫法也有好幾種。始皇用**小篆**①和**隸書**②來統一文字，方便各地文化交流，叫「書同文」。

另外，始皇又廢除六國法律，統一實行秦國的法律，法治很嚴。

這些措施都有利於加強全國統一，促進社會經濟文化的發展，是秦始皇的偉大功績。

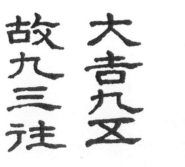

▲ 隸書　　　　　▲ 小篆

小知識

①**小篆**：篆是漢字字體，筆畫較繁複的篆體叫大篆，周朝通用；秦朝李斯等取大篆稍加整理，簡化筆畫成小篆，也叫秦篆。

②**隸書**：漢字字體，由篆書簡化演變而成。

20. 焚書坑儒

對於秦始皇這個人物，究竟應該如何評價呢？有的人說他是個偉大的皇帝，完成了統一中國的大業；有人說他是歷史上有名的暴君，罪行之一就是曾經焚書坑儒，同一個人，一會兒被人說是偉大，一會兒又被人說殘暴，這究竟是怎麼一回事呢？看了下面這個故事，你也來評說評說！

秦始皇統一中國是歷史發展的必然趨勢，他採取的中央集權制和一系列統一措施也是新的歷史時期內所必須的嶄新的制度。但是，一些習慣於舊制度的人不適應這種變化，他們頭腦中的舊思想根深蒂固，抗拒新事物的來臨。其中一些是以前六國的舊貴族勢力，總覺得分封制好，能保護他們的政治地位和經濟利益，所以蠢蠢欲動，伺機反抗；另一些是文弱書生，死抱着陳舊的規章制度、條條框框，引經據典地批評新制度，認為新不如舊。總之，在這新舊制度交替的關頭，政治上思想上的鬥爭十分激烈。

公元前213年，就是始皇統一中國後的第九年的一天，始皇在宮裏設酒宴，為最近一次擊敗匈奴的戰事慶功。文武百官都出席了。在座的還有一些學者**博士**①。席間，一些大臣和學者讚頌秦始皇統一國家的功績，把他比作照耀一切的太陽月亮，説他的威德連三皇五帝也望塵莫及……始皇聽得飄飄然，很受用。

但此時，卻有一個名叫淳于越的博士很不以為然，站起來説：「殷周時君主分封子弟功臣做諸侯，拱衞朝廷，傳了一千多年。現在陛下廢除了分封制，子弟全無地位和實權，萬一出了個想篡權的賊怎麼辦呢？我勸陛下重新考慮分封的事。不按老規矩辦事是行不通的。」

秦始皇要大家議論議論，究竟是分封制好，還是郡縣制好。

已升為丞相的李斯反對淳于越的言論，他説：「時代已經改變，我們不能再抱住舊的作法不放了。有些學者不去努力學習新事物，總是用古書上的東西來攻擊當前的制度，在百姓思想上製造混亂，如果不予以嚴厲禁止，將會影響朝廷的威信，對國家很不利。」

秦始皇覺得李斯説的很有道理，便接受了他的主

張，下了一道焚書的命令：除了那些醫藥、占卜、種植方面的書以外，凡不是秦國史官所記的歷史書，不是官家收藏而是民間私有的《詩經》、《尚書》和諸子百家的書籍，三十天以內一律要交到地方官那兒去燒燬；以後凡有私下談論這類書的，處死刑；拿古代制度來批評當今制度的，滿門抄斬；官吏知情不報的同樣辦罪。三十天內不燒書的，臉上刺字後罰做四年苦工。

命令下達後，各地各級官員不敢怠慢，立即嚴格執行。差役們挨家挨戶收繳書籍，就地燒燬。到處出現焚書的熊熊烈火，秦朝以前的許多歷史書和學術書都被付之一炬，中國文化受到了一次驚人的摧殘，損失巨大。

這確是始皇的一大暴行，此舉使讀書人非常反感，大家都在暗地裏議論，認為始皇這樣壓制輿論、摧殘文化，實在太過分了。

小知識

①**博士**：中國古代學官名。秦朝的博士掌管古今史事及書籍典冊，博古通今，是皇帝的顧問。其中不少是儒家。

焚書的下一年，有兩個**方士**^①背地裏議論秦始皇的不是，説他殘暴、驕傲，不信任別人，以酷刑來對付百姓。他們認為自己不該為始皇這樣的人求長生不老藥，便夾帶着朝廷付給他們的錢財偷偷地逃走了。

　　秦始皇大為光火。再一查，竟發現咸陽有些讀書人也在背後説他的壞話。始皇命令御史大夫去查辦這些書生，被抓去審問的書生受不住嚴刑拷打，東拉西扯地瞎供了一大批人，計有四百六十多名之多。秦始皇一怒之下，也不加以詳細審問，查證核實，叫人在咸陽城外挖個大坑，把他們全都活埋了。

其實其中大部分是冤枉的，真正反對秦始皇的只有少數幾個。關於這次大屠殺，東漢有人說是始皇羅致了天下七百多儒生，一起埋在瓜田裏；但也有些史書根本沒提到這件事，可能遭活埋的儒生數目沒這麼多。無論如何，歷史上記下秦始皇的焚書坑儒是他的暴行之一。連他的大兒子扶蘇都認為這樣做太殘暴，曾勸諫過，因而被秦始皇下令逐出咸陽，派到北方和蒙恬一起駐守邊疆。

　　此後，秦朝宮廷裏真正有學問之士大大減少，而趙高之類喜歡拍馬吹牛的奸臣漸漸得勢，秦朝開始走下坡路了。

小知識

②**方士**：古代稱從事求仙、煉丹的人為方士。

一提到秦始皇，人們的印象就是一個大暴君。究竟應該如何評價他呢？

　　自古以來，對中國這第一位皇帝的評價就是褒貶不一，爭論很大。這正是因為他所做的事情好壞參半，有功有過，即使是同一件事也有正負兩個方面的效果，所以要具體分析。

　　正面的評價：秦始皇是中國歷史上一位很有作為的皇帝，是傑出的政治家、軍事家和改革家。首先，他南征北戰統一了中國，為中國的版圖奠定了基礎；而且在征服的土地上重視制度建設和統治，建立了一套中央統治制度和政權機構，有效管理國家，為之後兩千多年歷代帝王所仿效。他統一文字和度量衡等改革措施推動了社會的發展，具有深遠的意義，有些一直沿用下來。他對中國和世界歷史都產生極大的影響，功不可殁，被明代思想家稱為「千古一帝」。

　　負面的評價：秦始皇被很多史學家看作是一個暴君，司馬遷的《史記》中就是這樣記載的，說他貪婪、自大，獨斷獨行，不信功臣，不親百姓，行事暴虐，為了權力而不擇手段……當然人們譴責最多的就是焚書坑儒了。焚書的確燒毀了很多珍貴史籍，好在其它很多所焚的書在咸陽宮和民間都有副本。坑儒，據《史記》中記載主要為的是坑殺一批術士，但把一些儒生也算為同類的了。修建豪華的宮殿背離了秦國

提倡節儉的傳統，勞民傷財，生產力遭到很大破壞，為秦朝的迅速走向滅亡種下了禍根；但這些工程卻也促使各地發展了交通、經濟貿易和各民族的融合，所以歷來也是史學家對秦始皇功過的一個爭論點。

總的來說，秦始皇是中國歷史上一位叱咤風雲的劃時代人物，如何評價他的功過還是由你自己思考而得出結論吧。

21. 修築萬里長城

我們經常會聽人說「不到長城非好漢」這句話。這偉大的長城不在別處，就在我們中國。它在中國北方的山地上東西向蜿蜒達萬里，是宇航員在月球上唯一能用肉眼看到的地球上的建築物！長城的建成，倒是又要歸功於這位備受爭議的始皇帝哩！

戰國時代，各國受到東南西北四方的夷狄等少數民族的侵犯，戰爭不斷。到了秦朝時，秦國早在始皇前就攻克了西戎，東西疆土已到達海邊，所以只有南方的蠻族和北方的**匈奴**①兩處外族的滋擾。始皇派五十萬大軍去南方守住五嶺，防止南蠻北侵；而在北方，對付匈奴的一個方法就是修築萬里長城阻其南下。

其實，長城在戰國時期就已開始陸續興建了。那時，匈奴騎兵常常向南騷擾北方各國，搶奪糧食和財物。燕、趙、秦三國為了抵禦他們，分別在北方邊境上修築了又高又厚的城牆，這就是長城的前身。

在秦始皇統一中原的過程中，燕、趙的勢力一步步衰弱，匈奴人乘機向南侵犯，逐漸佔領了**河套**②以南的大片土地，破壞漢族人民的農業生產。

小知識

①**匈奴**：中國古代一個少數民族，戰國時活動於燕、趙、秦以北地區，過着逐水草遷徙的遊牧生活，善於騎馬射箭，性格強悍。

②**河套**：指黃河從寧夏橫城到陝西府谷之間圍成大半個圈的河道地方。

為了保障北方人民的安全，秦始皇派名將蒙恬率領三十萬人馬向西北驅逐匈奴，收回了河套地區，沿河修築要塞，設了四十四個縣，把內地的罪犯流放到這裏開荒闢田。蒙恬的軍隊也就在那一帶駐守了十多年，蒙恬的威名遠揚，匈奴人聽了都害怕。

為了加強北部邊防，秦始皇決定把原先燕、趙、秦三國修建的一段段長城連接起來，使之連成長龍似的一道屏障，阻止匈奴騎兵來襲。

這是一項極其艱巨的工程。長城所穿越的地帶全是羣山峻嶺，開山採石、敲製石磚、建窯燒磚、開道、運輸、砌牆……一系列工作全靠人們用雙手來完成。秦始皇下令從全國徵集了幾十萬民工，又派了許多士兵監督施工，先加固現有城牆，再補造了不少新城牆，又向北延伸了不少。最終建成了一條西起甘肅臨洮，東到遼東的萬里長城，它穿越五省，橫渡黃河，彷彿一條游龍蜿蜒在重重山巒間，其中碉堡、烽火台踞險而築，組成城堡相連、烽火相望的一體，氣勢雄偉，是人類的偉大工程之一。

修築長城的工程艱巨，民工們流血流汗日夜不停地幹，許多人流盡自己最後一滴血，在長城城牆下倒地

不起。民間流傳的孟姜女萬里尋夫哭長城的故事正是千千萬萬個真實事例的寫照。

據説孟姜女的丈夫叫萬喜良，他倆新婚才一個月就被拆散，萬喜良被徵當修築長城的民工，從南方去了北方，一別幾年，音訊全無。孟姜女在家中盼呀盼，總盼不到丈夫回來。冬天到了，她掛念丈夫的寒衣不夠，在冰天雪地中勞動如何能捱得下去？於是就為丈夫縫製了棉衣袴，打成一個包袱背在身上，路遠迢迢地去長城工地上尋找丈夫。她跋山涉水，歷盡千辛萬苦趕到長城腳下，卻只見到望不到頭的長城，找不到丈夫。後來別人告訴她，萬喜良早已累死，與其他人一樣已埋在長城下面了。孟姜女傷心極了，在長城腳下放聲痛哭，哭得天昏地暗，哭得死去活來，連長城也被她哭塌了一大片，她就跳進長城的缺口，為丈夫陪葬了。

從這個故事中可以看到，修築長城造成了多少人妻離子散、家破人亡，帶給百姓沉重的勞役和無窮的苦難。

但是，修築長城畢竟是件有意義的事，長城抵禦外敵，保衛國家，對百姓有好處。至於後來秦始皇為了自己生前死後的享樂，逼迫百姓大興土木，為他建造豪

華的宮殿和陵墓，則無疑是勞民傷財了，怪不得因此激起了人民的強烈不滿和反抗情緒，為他自己挖掘了滅亡的墳墓。這事也在這兒順便説一下：

秦始皇在消滅六國時，每佔領一國國都，就下令匠人把該國宮殿的建築式樣畫下來。他當皇帝的第九年，便動用了七十萬囚犯民工，為他建造一座巨大豪華的宮殿——**阿房宮**①，它佔地三百里，宮內有七百所宮殿，五步一樓十步一閣，可容十萬人。宮殿之外還有亭台河湖，天橋橫跨在空中。秦始皇還把從六國搶來的金銀珠寶和成羣美女放在宮中供自己享用。

為了能無止境地享受下去，秦始皇曾派徐福帶了幾千名童男童女，遠渡重洋去求長生不老的仙藥，仙藥是沒有的，徐福他們也沒有回來，於是秦始皇就為自己建造陵墓了。

他選中**驪山**②北麓，動用幾十萬民工，歷時三十八年建造了一座方圓約五里的墓，墓室造成宮殿模樣，用明珠做日月星辰，用水銀灌出江河大海，用鯨魚油點**長明燈**③。陵墓用銅灌成地基，上面蓋了石室、墓道和墓穴，還有防人偷盜的**機弩**④。1974年考古工作者在秦始皇陵的東側發掘出大型的**兵馬俑**⑤陪葬坑，坑內的陶俑

陶馬陣勢浩大，雄偉壯觀。如此的墓葬被稱為世界奇跡。

　　秦始皇純粹是為了自己的奢侈享樂，不惜徵用百姓當民工，耗費了大量的錢財來修建宮殿和陵墓。這樣做加重百姓的負擔，使百姓的生活越來越苦，民不聊生，怨聲載道，埋下了反抗的種子。

小知識

①**阿房宮**：秦代著名大建築，宮的前殿建於公元前212年，遺址在今西安市西阿房村，全部工程至秦亡時仍未完成，被項羽焚毀，現尚存高大的夯土台基，高七米，長約一千米。

②**驪山**：一稱酈山，在陝西省臨潼縣城東南，因山形似驪馬，呈純青色而得名。

③**長明燈**：晝夜不滅的大油燈，大多掛在佛像或神像前面。

④**機弩**：用機械控制的弓箭，只要一觸動機關，就會自動放出箭來傷人。

⑤**兵馬俑**：1974年3月，在秦始皇陵東側發現一處規模巨大的秦代陶俑坑，出土七千多個武士俑。武士俑高一米八二，身穿戰袍鎧甲，挾弓掛箭，或手執兵器；陶馬體形大小與真馬相似，武士俑與車騎排列成一個完整的軍隊場面。

蜿蜒綿長的萬里長城

　　2012 年中國國家文物局公布說，遺存長城城牆的總長度是 21196.18 公里，分布在北京、河北、山西等十五個省，包括各個時代修築的長城，是中古世界七大奇迹之一。當然其中很大一部分已經是年久失修，不宜遊覽了。通常提到的長城是從東端的遼寧虎山到西端的嘉峪關，其中河北境內的長城建築水平最高，是明長城的精華。

　　值得遊覽的景點有很多，東端河北省內就有長城之首老龍頭，伸入大海，被稱為「中華之魂」。然後是天下第一關山海關，是長城東端的第一個關隘，地勢險要，氣勢雄壯，是長城旅遊精華中的精華。越過山海關就是角山長城，是萬里長城第一山。這段長城好似倒掛在高峯上，異常險峻，是明朝時代的古戰場。

　　由此向前 15 公里是長城中唯一一段水上長城，在百米寬的九江河上建起規模巨大的過河城橋，人們描述它是「城在水上走，水在城中流。」

　　距北京市區 130 公里的金山嶺長城毗臨密雲水庫，起伏在山水之間，風景絕美。但是假如你想看看本色長城，就要去界嶺口長城，曾經歷過無數次戰火，未加修葺，給人以蒼

涼、悲壯的感覺。與此相反，長達兩公里的白羊峪長城卻是一段「華貴長城」，因為它是用紫紅色大理石砌成的，歷經四百多年風霜仍然保存完好。

此外，唐山市還有保存完整長城古堡的青山關，這裏曾是明朝守衛關卡官兵工作和居住的地方，是萬里長城中最堅固的一處建築。承德市的喜峯口水下長城是在水庫之下的一段長城，當水庫的水位下降便露出水面，猶如一條出水蛟龍向青山爬去，造成了特異的景色。

當然啦，最為人熟悉的便是北京八達嶺長城了，這段長城景觀雄偉、設施完善，每日接待海內外成千上萬遊客，1987 年被列為世界文化遺產。你也一定要去一遊，不到長城非好漢呀！

22. 張良學兵法

哪裏有壓迫，哪裏就有反抗。秦始皇的暴虐無道，引起了人民的憤怒與反抗。在秦末的反抗活動中，韓國人張良是個重要人物。

秦始皇滅了六國建立秦國之時，就估計到六國的舊貴族不會甘心於失敗，隨時會起來反對他。所以他下令把天下十二萬戶富豪人家都搬進咸陽城住，以便管理；又把天下的兵器統統收集運來，除了供軍隊使用的以外，其餘兵器都熔化鑄成十二個巨大的銅人**翁仲**①和**銅鐘**②。他以為兵器都收上來了，就不怕會有人造反了。

公元前218年的春天，秦始皇帶了大隊人馬去東部巡視。他常常作這樣的巡視，一方面是祭祀名山大川，在山石上命令人刻下頌揚他的話，以便名垂千秋；另方面是向六國人民顯顯自己的威武，以樹立威信。

這天，始皇的車隊來到一個叫**博浪沙**③的地方，正在不緊不慢地向前行進的時候，忽聽見轟一聲，從車窗外飛進來一隻大鐵鎚，把秦始皇座車後面的一部副車打得粉碎。

原來狡猾的始皇害怕有人會刺殺他，所以每次出門都安排幾輛一模一樣的馬車，讓人猜不到他坐的是哪輛車。所以他才能避過鐵鎚的攻擊，逃出生天。

車隊停了下來，武士們到處搜查，可是一無所獲，刺客已經逃之夭夭。

秦始皇大發雷霆，下令一定要捉到行刺的人，衛兵在全國搜查了整整十天，一直沒捉到兇手，也只好作罷。

這次行刺行動，是一個叫張良的人策劃的。張良是韓國宰相的後代，他的祖父和父親都做過韓國相國。後來韓國被秦滅掉，他的父親因為憂慮過度而死了。當時的張良雖然還很年輕，但卻下決心要替國家報仇。

張良變賣了自己的全部家產，四出尋訪，結交英

小知識

①**翁仲**：本是秦人，名阮翁仲，高一丈三尺。秦始皇任命他出征匈奴，死後鑄一銅像立於咸陽宮門外紀念他，後就稱銅像石像為翁仲。

②**銅鐘**：打擊樂器，青銅製，懸掛於架上，以槌叩擊發音。有些是十幾個大小成組的鐘稱「編鐘」。

③**博浪沙**：今河南省原陽縣。

雄豪傑，想找到一個合適的人去刺殺秦王。後來他找到了一個叫倉海君的大力士，他使用的大鐵鎚足足重一百二十公斤，因為逃避秦朝的暴政而隱居在朝鮮半島。倉海君和張良志同道合，一談就攏，趁秦始皇東巡時埋伏在博浪沙的樹林裏，等秦始皇的車隊經過時，倉海君就把鐵鎚砸過去想砸死他，誰知卻落了空。

這次行動雖然失敗了，但張良並不灰心。他隱姓改名，逃到外地住下來，一心鑽研兵法。

關於張良學兵法，有一個離奇的傳說。

據說有一天，張良出去散步，經過一座橋，看見一個老人坐在橋頭上。老人見張良走過來，便有意無意

地把腳一縮，他的一隻鞋掉到橋下去了。

老人叫住張良，用命令的口氣說：「年輕人，下去把我的鞋撿起來！」

張良聽了很生氣，他是富貴人家出身，從來只有命令別人，決沒有人敢去命令他，本想轉身就走，但見這是個弱不禁風的老人家，就勉強忍住氣，走到橋下，撿起那隻鞋上來遞給他。

誰知老人並不接鞋，只是把腳向張良一伸：「給我穿上。」

張良見這人如此無禮，心中很不高興。但念他已白髮蒼蒼，也就不和他計較，恭恭敬敬地蹲了下來，幫他把鞋穿上。

老人這才滿意，他站了起來轉頭就走，一句感謝的話也沒有。但他行動不便，走得東搖西晃的，張良怕他有什麼意外，就跟在他後面走了半里多路。老人忽然回過頭對他說：

「你是個好青年，我樂意教導你。」

張良估計這老人一定有來歷，便跪地下拜。老人說：「五天以後，天一亮，你到橋上來見我！」

五天以後，張良一早就來到橋上，卻見老人已等

在那兒了。老人很生氣地對他說：「與老人家約會，應該早點來，怎麼可以讓人家等？」

張良趕忙磕頭認錯。老人約他過五天再來。

張良垂頭喪氣回家去。過了五天，張良一聽雞叫，便一躍而起，臉也不洗就跑到橋上，卻見老頭已經站在那兒了。

老頭見到張良又遲到，瞪着雙眼責備他：「你怎麼又來晚了？」

張良只好低頭再次認錯。老人說：「你願意的話，過五天再來。」說完便走了。

張良悶悶不樂地回到家中。第四天晚上，他索性不睡了，來到大橋上等天亮。

這次張良總算比老人早到。老人來時，張良走上前去迎接他。這次老人才露出笑容說：「這樣才對！」

老人拿出一部書來交給張良：「你把這部書好好讀透，將來會成為很有學問的人，一定大有作為。」

張良恭恭敬敬接過書，連聲道謝，接着問了一聲：「請問老師尊姓大名？」

老人笑着說：「你問這個幹什麼？不必要知道我是誰。」

張良還想問什麼，老人不理他，頭也不回地走了。

　　等到天亮，張良拿出書來一看，原來是周初太公望編的「太公兵法」。張良回家認真鑽研這部書，後來終於成為劉邦最重要的謀士，為漢朝的建立立了大功，還當了宰相。

　　張良的故事告訴我們，尊敬和愛護老人以及守時，是一個人必須具備的禮貌行為，這樣的人就會處處受人歡迎，才能成大事。

23. 趙高奪權

秦始皇求長生不老藥不成功，反倒在五十歲時就得暴病死去，那是公元前210年的事。他一死，平日早就想篡位奪權的奸臣就馬上登場了。

那年初，秦始皇又要出去巡視了。這次他到東南一帶去。除了丞相李斯和**中車府令**①趙高以外，小兒子胡亥也一起去。他們冬天出發，向東南經過現今的湖南、江西、江蘇、浙江一直到達南海，然後進入山東，準備回咸陽。

這時已是大暑天，熱浪逼人。年已五十的秦始皇受不了旅途勞累和暑熱，在他們到山東**平原津**②後就病倒了，連御醫也束手無策。始皇知道自己不行了，就叫趙高代筆，給駐紮在邊疆的大兒子扶蘇寫了一封遺囑，叫他趕快回咸陽辦理喪事，並繼承皇位。不久，他就在**沙丘**③一地去世了。

宦官趙高原是秦始皇的貼身太監，為人狡詐陰險。他曾經教胡亥學法律，是胡亥的老師。趙高很希望胡亥能繼承皇位，所以他寫好始皇的遺囑後並沒有寄給扶蘇，而是拿了遺囑和傳國**玉璽**④去對胡亥說：「瞧，

你父親要把皇位傳給扶蘇，你什麼也沒有！」

胡亥説：「這有什麼辦法呢？父親遺囑裏寫明了的，沒什麼可説的。」

趙高慫恿地説：「現在大權掌握在你、我和丞相手裏，我們想辦法讓你繼承皇位好嗎？」

胡亥本來就有野心，當然同意這麼做。他們就去找李斯商量。李斯是位有才幹的老臣子，在秦始皇統一六國時出了很大力，是秦國的開國功臣，起初他不同意趙高的計謀，趙高説：「假如扶蘇回來即位，一定會指定蒙恬做丞相，你只能回老家去！」李斯覺得也對。他想，自己假如不同意，怕會遭到趙高他們的陷害，性命難保，所以就和趙高胡亥結成一伙。

他們毀掉了秦始皇的遺囑，另寫了一封假遺囑，

小知識

①**中車府令**：秦代官名，掌管皇帝的車駕的宦官。

②**平原津**：今山東省平原縣南。

③**沙丘**：今河北省廣宗縣西。

④**玉璽**：君主的玉印。

假稱秦始皇讓胡亥繼位，命公子扶蘇和蒙恬自殺。同時，他們怕始皇死訊傳出去後會引起內外混亂，就暫時保密，把始皇的馬車遮得嚴嚴實實的，假裝他仍坐在車上。因為天熱，屍體發臭，就令人買了很多鹹魚放在車上掩蓋屍臭。就這樣，急急忙忙地趕回咸陽。

公子扶蘇是個老實人，他接到始皇的假遺囑後，哭了一場就真的自殺了。蒙恬將軍勸他先調查一下，他也不聽。蒙恬不肯自殺，就被趙高派去的使者抓起來，投進監獄弄死了。

於是趙高、李斯回到咸陽後就公布秦始皇逝世的消息，並擁立胡亥繼位，稱為秦二世。胡亥任命趙高為**郎中令**①，常在旁邊協助他。

胡亥是個昏庸糊塗的國君，凡事聽趙高擺布。趙高怕他們的篡權一事會暴露，便慫恿胡亥把自己的兄姐逐一除掉。他把十二個公子和十位公主都定了死罪，對一些老臣子也下了毒手。胡亥也極為殘暴和荒淫無度，他下令擴大阿房宮的建築工程供他享受，又制定了更嚴酷的刑法和稅收政策，使全國百姓苦不堪言。

趙高並不滿足，他還想進一步竊取朝政大權，因此李斯成了他的眼中釘。於是他使出陰謀手段來加害李

斯。他造謠説李斯的兒子與農民起義軍有關，又説李斯想篡奪皇位，以此兩條罪名就使秦二世下令把李斯全家抄斬。李斯一死，趙高就當了丞相，掌握了朝廷的實權。

但是趙高的野心並不到此為止，他還想當皇帝吶！這可不是件小事，眾多大臣是不是會服從他呢？他想出一個計策來測試人心。

一天，趙高牽了一隻鹿到殿堂上來，當着大臣們的面，對秦二世説：「我找到一匹好馬，特地來獻給陛下。」

秦二世一看，笑痛了肚子：「你真會開玩笑！這明明是隻鹿，怎麼説是匹馬呢？」

趙高裝着很生氣的樣子説：「這是我好不容易弄到的一匹好馬，怎麼會是鹿呢？各位大臣都在這裏，陛下叫他們説説，這是不是馬？」

大臣們**面面相覷**②，感到很為難，説假話吧，欺騙

小知識

①**郎中令**：秦朝官名，是皇帝左右親近的高級官職。

②**面面相覷**：你看我，我看你，形容大家因驚懼或無可奈何而互相望着，都不説話。

了皇上；説實話吧，又怕得罪了趙高。很多人便默不作
聲。一些膽小怕事的人為了奉承討好趙高，便回答説：
「是馬！是一匹好馬！」幾個忠貞的老臣子看不過趙高
的胡作非為，挺身而出：「皇上，這是鹿，不是馬。」

　　趙高記住了這幾個敢於説真話的人，過些日子找
了些藉口，把他們都給殺了，而對那些附和他指鹿為馬
的大臣就升官加賞。這樣一來，朝廷上的大小官員都怕
趙高，都得聽他擺布，他説東，沒人敢説西；他説黑，
沒人敢説白。秦二世見到這情況，心中不由得也對趙高

權力的無限膨脹而暗暗擔憂起來。

　　趙高指鹿為馬欺騙皇上，簡直是飛揚跋扈到了極點。他這樣做的目的，為的是能控制羣臣，為自己篡位作準備。後來，全國各地爆發農民起義，起義軍逼近咸陽，秦二世命令趙高去抵抗，趙高明知抵擋不住，怕受到軍法制裁，便索性派他的心腹去刺殺二世皇帝。皇帝見手下竟敢造反，很憤怒地召左右大臣來保駕，但大臣們都退避一旁，不聽他的命令，只有一個宦官始終跟隨着他。二世問他：「你為什麼不早些把趙高的野心告訴我？」那宦官説：「正因為我沒早告訴你，才能活到現在，要不早就被殺了！」

　　趙高殺了秦二世，但沒敢自己稱帝，而是把胡亥的姪兒子嬰抬出來繼位。子嬰深知趙高的權慾很重，會操縱實權，他不甘心做傀儡王，於是先下手為強，把趙高騙進宮去，殺了這個大奸賊，並連滅他**三族**[①]。

小知識
①**三族**：是父族、母族和妻族。

24. 大澤鄉起義

你一定聽說過「揭竿而起」這句成語吧？可是你知不知道，它源自一個轟轟烈烈、可歌可泣的歷史故事？那就是中國歷史上的第一次農民起義，發生在秦末的**大澤鄉**①起義。

陳勝又叫陳涉，是**陽城**②人。年輕的時候，他給地主做**僱工**③，雖窮但很有志氣。一天，他跟同伴們在地裏幹活，休息的時候他們談起了生活的艱辛不易。陳勝激動地說：「我們之中有誰將來富貴了，可別忘了老朋友呀！」

同伴們都笑着說：「你一無所有，只是替人種田，哪來的富貴呀？」

陳勝歎了口氣，自言自語道：「唉，燕雀怎麼會懂得**鴻雁**④的志向呢？」

公元前209年，秦二世下令，要陽城徵集了原楚國淮河流域的九百名民伕，派兩個軍官押送到**漁陽**⑤去駐防。軍官從這些民伕中挑了兩個身材高大、辦事能幹的人當**屯長**⑥，要他倆管理其他人。這兩人中一個就是陳勝，另一個是吳廣，也是個貧苦的農民。

從陽城到漁場有好幾千里的路程，他們一定要在規定的日期內到達，誤了日期就要按秦朝的法律被砍頭。所以他們日以繼夜拚命趕路。

那時正是夏季，雨水比較多。當他們走到大澤鄉的時候，正趕上連天大雨，道路被水淹沒了，沒法通行。他們只好停下來紮營住下，等天放晴了再走。

開始時陳勝和吳廣很着急，生怕誤了規定到達的日期。後來他們算了一下，無論如何也不能按期到漁陽了，已經犯下了殺頭之罪。怎麼辦。難道九百人乖乖地去送死？

吳廣説：「我們開小差逃掉吧！」

小知識

①**大澤鄉**：今安徽省宿縣東南。

②**陽城**：為河南省登封東南。

③**僱工**：受僱用的工人，也指僱農，主要依靠出賣勞動力為生。

④**鴻雁**：一種冬候鳥，羽毛紫褐色，腹部白色，嘴扁平，腿短，趾間有蹼。吃食物種子，也吃魚和蟲，羣居水邊，飛時一般排列成行，也叫大雁。

⑤**漁陽**：今北京市密雲西南。

⑥**屯長**：秦朝時戍防軍中的領隊。

陳勝說：「開小差被抓回去也是死，起來造反奪不到天下也是死。反正總歸要死，倒不如造反而死。百姓們都同情本該登基的扶蘇和楚國大將**項燕**①，不如我們借他們的名義號召天下，原楚地的人一定會起來響應我們的。」

吳廣同意他的主張，兩人並商量了如何讓羣眾相信他們的計策。

他們在一塊白綢條上用**朱砂**②寫上「陳勝王」二個大字，把它塞在一條大魚的肚子裏。第二天伙夫買了魚回去，剖開肚發現這綢布上面的字，十分驚奇。大家都認為這是老天爺的旨意，陳勝是**真命天子**③。

到了半夜，吳廣偷偷躲進營房附近的一所破廟裏，點起火，先學狐狸叫，然後喊道：「大楚興，陳勝王」。大伙聽了又驚又怕——怎麼狐狸會說人話？是不是狐狸在向人們報信？

第二天早上，大伙兒都在紛紛議論這些奇怪的事。大家望着陳勝指指點點，覺得他的長相真的有些與眾不同，像是真命天子的相呢！

一天晚上，押送他們的兩個軍官喝醉了，陳勝和吳廣帶着一批人故意去激怒他們，要求他們放民伕回

家。軍官又氣又急，拔出劍來要殺吳廣，吳廣仗着人多，奪過劍來刺死了一個軍官，陳勝趁機把另一個軍官也殺上。

陳勝把大伙兒召集起來說：「現在我們已經誤期了，誤期就要殺頭；即使饒了我們，屯駐邊防的人有八、九成會戰死，累死的，大丈夫死要死得轟轟烈烈，決不能死得如此不明不白！」大伙兒都說：「對，對！我們聽你的！」

他們決定起義。陳勝叫大家用泥土搭了一個平台，做上一面大旗，上繡一個斗大的「楚」字。陳勝和吳廣領着大家站在平台上，脫下一隻衣袖，露出右臂宣誓。大伙兒推選陳勝為將軍，吳廣為**都尉**④。九百條好

小知識

①**項燕**：戰國末期楚國將軍，立過許多戰功，很受人民愛戴。秦將王翦大破楚軍時，項燕兵敗被殺，說是自殺。

②**朱砂**：煉汞的主要礦物，紅色或棕紅色，藥用，也可用作顏料，也叫丹砂。

③**真命天子**：真正的帝王。

④**都尉**：秦朝時將軍以下的官職。

漢一下子把大澤鄉佔領了，百姓們都紛紛來慰勞，還有很多窮苦百姓前來加入起義隊伍。人多了，刀槍不夠，他們用木棍削成兵器，砍竹竿做旗桿。就這樣陳勝和吳廣成立了中國歷史上第一支農民起義軍，歷史上稱為「揭竿而起」。

起義軍從大澤鄉出發，向西挺進，一路各地人民紛紛響應，一個月之內攻克了許多縣城，打到**陳縣**①。陳縣父老對陳勝說：「將軍替天下百姓報仇，征伐暴虐的秦國，應該稱王。」

陳勝就建號稱王，國號是「張楚」，就是要張大楚國的意思。這時起義軍已發展成一支大部隊，擁有六、七百輛戰車、一千多騎兵和幾萬名步兵。

這時，各地百姓紛紛殺了當地貪官，響應起義，起義的風暴席捲大半個中國。與此同時，一些六國的舊貴族也乘機起兵反秦，有的投到陳勝麾下，有的自立稱號。反秦烈火越來越旺，但情況也越來越複雜。

陳勝分頭派兵去攻打秦軍和接應各地起義。首領之一周文曾在楚將項燕手下做過事，懂點軍事，作戰也很勇敢，他率領的一支起義軍向西很快攻進**關中**②地區，直逼都城咸陽。秦二世慌了手腳，連忙把在驪山修

建陵墓的幾十萬苦役犯武裝起來，由大將章邯率領，向起義軍反撲。周文雖然作戰勇猛，但手下的部隊缺乏訓練，六國貴族各佔地盤不去支援，起義軍大敗，周文被殺。

吳廣和陳勝分別帶領隊伍在作戰，吳廣因為和部下意見不合，竟被部下假借陳勝的命令殺害；陳勝更慘，秦將章邯進攻起義軍大本營陳營時，他帶着隊伍放棄了陳縣撤退，途中他的車夫背叛了他，殺了他去向秦軍投降。陳勝被害後不久，秦軍攻克了陳縣，起義軍失敗了。

大澤鄉起義從成事到失敗，只經歷了六個月的時間，但影響深遠。窮苦農民敢於反暴政的精神激起了全國接二連三的反秦活動，最終導致了秦朝的滅亡。

小知識
①陳縣：今河南淮陽。
②關中：指陝西省渭河流域一帶。

大事表

戰國時代	
公元前475年（周元王二年）	戰國時代開始。
公元前453年（周定王十六年）	韓、趙、魏共滅智伯，三家分晉。
公元前447年 （周定王二十二年）	楚滅蔡。兩年後滅杞，十一年後滅莒。
公元前420年 （周威烈王六年）	晉幽公被殺，魏派兵鎮壓晉之動亂。
公元前403年 （周威烈王二十三年）	周威烈王封三位晉大夫為魏侯、趙侯及韓侯，形成戰國七雄局面。
公元前400年前後 （周安王二年前後）	魏文侯任李悝為相，實行變法。
公元前386年 （周安王十六年）	田和列為諸侯。趙遷都邯鄲。
公元前382年 （周安王二十年）	楚悼王用吳起為令尹，實行變法。
公元前378年 （周安王二十四年）	秦開始設立市場交易。
公元前375年（周烈王元年）	韓滅鄭，並遷都於鄭。秦實行戶籍法。

公元前361年（周顯王八年）	魏惠王遷都大梁。
公元前356年 （周顯王十三年）	秦孝公任商鞅為左庶長，實行商鞅變法。
公元前351年 （周顯王十八年）	韓昭侯任申不害為相，進行改革。
公元前350年 （周顯王十九年）	商鞅再次實行變法。秦遷都咸陽。
公元前342年 （周顯王二十七年）	齊魏馬陵之戰。
公元前338年 （周顯王三十一年）	秦孝公死，商鞅遭車裂。
公元前334年 （周顯王三十五年）	齊威王用鄒忌為相，進行改革。
公元前333年 （周顯王三十六年）	蘇秦遊說六國合縱成功。
公元前323年 （周顯王四十六年）	燕、韓、趙、魏、中山五國相王。
公元前316年 （周慎靚王五年）	秦派兵滅蜀，後又滅巴。
公元前311年（周赧王四年）	張儀離間六國，連橫之策成功。
公元前307年（周赧王八年）	趙國「胡服騎射」，改革軍事。
公元前306年（周赧下九年）	楚滅越。
公元前296年 （周赧王十九年）	趙滅中山。

公元前286年 （周赧王二十九年）	齊滅宋。
公元前278年 （周赧王三十七年）	秦攻下楚郢都，置南郡。楚遷都陳。楚國三閭大夫、愛國詩人屈原投江自盡。
公元前262年至260年 （周赧王五十三年至五十五年）	秦、趙長平之戰。
公元前256年 （周赧王五十九年）	周王朝向秦獻出領地，不再稱王，東周亡。史家就以秦王紀年。
公元前254年 （秦昭襄王五十三年）	魏滅衞。
公元前249年 （秦莊襄王子楚元年）	楚滅魯。秦任呂不韋為相國。
公元前246年 （秦莊襄王三年）	嬴政即位秦王。
公元前241年 （秦王政六年）	韓、趙、魏、燕、楚五國合攻秦。楚避秦，遷都壽春。
公元前237年 （秦王政十年）	秦免呂不韋相國一職，李斯繼任。
公元前230年 （秦王政十七年）	秦用了近十年的時間先後滅韓、趙、魏、楚、燕、齊六國，公元前221年，戰國結束。

秦	
公元前221年 （秦始皇二十六年）	秦王嬴政統一中國，建立秦朝，自稱始皇帝，定都咸陽，分天下為三十六郡，統一文字、貨幣、度量衡。
公元220年 （秦始皇二十七年）	開始修築馳道。
公元前215年 （秦始皇三十二年）	將軍蒙恬率三十萬大軍北伐匈奴，收復河套地。
公元前214年 （秦始皇三十三年）	開始修築萬里長城。開鑿靈渠。統一嶺南。
公元前213年 （秦始皇三十四年）	秦始皇下令焚書。
公元前212年 （秦始皇三十五年）	秦始皇坑儒生四百多人。動工修建阿房宮和驪山陵墓。
公元前210年 （秦始皇三十七年）	秦始皇死，李斯、趙高立胡亥為二世皇帝。扶蘇、蒙恬被殺。
公元前209年 （秦二世元年、陳勝張楚元年）	陳勝、吳廣揭竿而起，攻下陳縣，陳勝稱王，國號「張楚」，後敗於秦將章邯手中。項羽、劉邦起兵反秦。
公元前207年 （秦二世三年）	鉅鹿之戰，項羽軍殲滅秦軍主力。 趙高殺秦二世，立子嬰為王。子嬰滅趙高三族。

中中國人的故事 （共6冊）

學習名人品德與精神　幫助孩子步向成功

56位中國古今名人的成功故事

榮獲第二十七屆
冰心兒童圖書獎

獎

名醫和藥學家的
高明

領袖和改革家的
視野

發明家和工程師的
努力

詩人和小說家的
才華

將軍和兵法家的
勇謀

現代科學家的
毅力

系列特色

擴闊孩子視野

讓讀者了解中國六大範疇的發展與成就，六大範疇包括：政治、發明、科學、軍事、醫學、文學。

了解名人故事

講述古今中國共 56 位在不同範疇有非凡成就的佼佼者的故事，學習他們成功背後的秘訣。

學習提升自我

透過名人的故事，培養孩子的品德，學習精益求精、堅毅不屈的精神，幫助孩子步向成功。

內容程度適中

用字淺白，配以精美插圖，符合高小學生的閱讀能力，並能提升閱讀興趣。

中國歷史之旅（二版）

七雄爭霸

作　　者：宋詒瑞
繪　　圖：野　人
責任編輯：趙慧雅
美術設計：李成宇
出　　版：新雅文化事業有限公司
　　　　　香港英皇道 499 號北角工業大廈 18 樓
　　　　　電話：(852) 2138 7998
　　　　　傳真：(852) 2597 4003
　　　　　網址：http://www.sunya.com.hk
　　　　　電郵：marketing@sunya.com.hk
發　　行：香港聯合書刊物流有限公司
　　　　　香港荃灣德士古道 220-248 號荃灣工業中心 16 樓
　　　　　電話：(852) 2150 2100
　　　　　傳真：(852) 2407 3062
　　　　　電郵：info@suplogistics.com.hk
印　　刷：美雅印刷製本有限公司
　　　　　九龍觀塘榮業街 6 號海濱工業大廈 4 字樓 A 室
版　　次：二〇一七年十月二版
　　　　　二〇二〇年十月第三次印刷

ISBN: 978-962-08-6895-5